KB065931

작은 가게에서
진심을 배우다

작은 가게에서 진심을 배우다

한 번 오면 단골이 되는 고기리막국수의 비결

김윤정 지음

다산북스

마음이 이루는 기적

꽤 오래전이지만 저자를 처음 본 날을 또렷이 기억합니다. 한마디로 당찼습니다. '이 무슨 근거 없는 자신감?' 그건 부부가 똑같았습니다. 예의 발랐지만, 눈치 보지 않았습니다. 그런 모습이 저같이 눈치 보며 살아온 사람에게는 낯설고 불편했습니다. 그래서 하마터면 오해할 뻔했습니다. '뭐 이런 당돌한 젊은이들이 있나.'

만남을 거듭하면서 알게 됐습니다. 저런 당당함이 어디서 연유하는지 말입니다. 그것은 자기가 하는 일에 대한 열정과 자부심 그리고 사람에 대한 애정에서 비롯한 것이었습니다. 자신의 가게를 찾는 사람에게 기쁨과 즐거움을 주고 싶은 간

절한 마음, 그리고 내가 쏟은 열정만큼, 내가 기울인 노력만큼 그것이 가능하다는 믿음. 그런 자부심이 부부의 눈빛에 차고 넘쳤습니다.

출판사에서 1년 7개월간 일했습니다. 팔리는 책을 만드는 게 제 일이었습니다. 팔리는 책은 두 가지 조건을 갖춰야 합니다.

먼저 그 시대, 그 사회가 그 책을 필요로 해야 합니다. 그 시기 독자들이 바라며 찾는 내용이어야 한다는 것입니다. 이게 필요조건입니다. 그런 점에서 이 책은 시의적절합니다. 코로나로 어려움을 겪고 있는 분들에게 희망과 용기를 줍니다. 위기일수록 빛을 발하는 장사의 지혜가 담겨 있습니다.

하지만 이것만으로는 부족합니다. 충분조건을 갖춰야 합니다. 바로 저자의 진정성입니다. 저는 책을 보지 않습니다. 저자를 봅니다. 책은 딱 저자만큼입니다. 책에 진정성이 담겨 있는지 보는 저만의 기준이 있습니다. 첫째, 자신의 경험을 말하고 있는가. 둘째, 독자에게 꼭 전해주고 싶은 말이 있는가. 셋째, 자신을 있는 그대로 보여주는가.

이 책은 이 세 조건을 모두 갖추고 있습니다. 책을 읽어보면 글이 저자와 일치합니다. 있는 그대로의 그녀가 담겨 있습니다. 무엇보다 독자를 위하는 마음이 담겨 있습니다. 어려움을 겪고 있는 분들에게 조금이나마 위로가 되고 용기를 줄 수 있었으면 좋겠다는 지극한 마음이 느껴집니다. 문장이 아주 유려하진 않지만, 아니 그럴수록 그녀의 메시지가 더 절절하게 다가옵니다. 그 마음이 오롯이 느껴지기 때문입니다. 저자가 이렇게 말하는 듯합니다. "당신도 행복해졌으면 좋겠어요. 나의 꿈과 일상의 즐거움이 우리 모두의 것이 되길 바라요." 그런 마음으로 이 책을 썼다고 생각합니다.

아마도 사람들은 막국수를 먹으러 이 집에 오는 게 아닐지 모릅니다. 이 집 주인장의 마음을 느끼러 오는 게 아닐까요? 이들이 파는 건 막국수가 아니라 그 마음 아닐까요? 이 책을 읽으며 나는 다시 한번 그 마음을 느꼈습니다. 음식에 담는 그녀의 애틋한 마음을 느꼈습니다.

어디에 다니느냐로 승부하던 시대는 끝나가고 있습니다. 지금은 무엇을 하느냐가 중요한 시대입니다. 더 나은 곳에 들어가기 위해, 그곳에서 더 높은 곳에 올라가기 위해 경쟁하는 것이 아니라, 내가 하고 싶은 일, 내가 잘할 수 있는 일을 찾아 그 일에 명운을 걸고 승부하는 시대입니다. 저자는 그 길을 걸어 왔습니다. 그리고 성공했습니다. 직장에 들어가 높은 자리에 오르고 높은 연봉을 받는 것보다 훨씬 값진 성공입니다. 저는 이 부부와 만나면서 우리 아들이 그렇게 성장해가길 바라게 됐습니다. 그만큼 사는 모습이 아름답습니다. 여러분도 책을 통해 이들의 사는 모습을 확인해보시기 바랍니다. 그리고 이들의 매력에 푹 빠져보세요. 헤어 나오기 쉽지 않을 것입니다.

강원국(『대통령의 글쓰기』 저자)

백년 가는 가게의 길

이 책은 외진 마을의 작은 가게가 하루 1000명이 줄 서서 먹는 집으로 성장하기까지의 이야기다. 따뜻하고 섬세한 부부가 운영하는 작은 국숫집은 어느덧 10년이 되어간다. 한결같이 자기 가게에 와준 손님에게 고마움을 느끼는 마음가짐, 강원도 곳곳의 국숫집을 찾아가 먹어보는 집요함, 손님 한 사람 한 사람을 기억하고 작은 부분까지 배려하는 정교함이 오늘의 고기리막국수를 만든 게 아닐까 싶다. 앞으로도 세월을 이기고 수백 년간 사랑받는 가게가 되길 바란다.

허영만(만화가)

브랜드, 별을 넘어 별자리로

하늘에 수많은 별이 있듯이 세상에는 수많은 식당이 있다. 저마다 본인만의 차별화를 앞세우면서 빛나는 별이 되겠다고 아우성을 치지만 막상 현실은 녹록지 않다. 이렇게 치열한 경쟁 상황에서 진심 경영을 통해 이제 별을 넘어 별자리를 그려 가고 있는 곳이 바로 고기리막국수다. 우주의 별은 수천억 개인데 그중에 별자리는 단 88개에 불과하다. 그래서 별자리가 되어야만 진정한 브랜드라고 할 수 있다.

브랜드 네이밍 이슈로 나와 인연을 맺게 된 저자는 언제나 한결같은 마음으로 고객의 관점에서 개선해야 할 부분을 진지하게 상의하고 조언을 구해왔다. 그때마다 이윤을 추구해야 하는 식당에서 과연 생각한 대로 실천할 수 있을까 하고 의심을 한 적이 많았다. 하지만 급하게 서두르지 않으면서도 하나하나 이루어냈고 그만큼 웨이팅 시간은 점점 길어졌다.

책의 내용은 인문 에세이처럼 조곤조곤 풀어나가고 있지만, 읽다 보면 선 굵은 브랜드 마케팅 전략서임을 느끼게 될 것이다. 아무리 뛰어난 기능을 가진 브랜드라 할지라도 고객의 마음을 세심하게 읽어내고 진심을 다해 실천하는 브랜드를 절대로 이길 수 없다.

그래서 이 작은 막국숫집에서의 기다림은 단순한 웨이팅이 아니다. 어디에서도 쉽게 만날 수 없는 우리 집같이 정겹고 배려 깊은 외식 문화 브랜드를 만나기 위한 설렘의 시간이라고 생각한다.

'세심한 진심은 결국 닿을 수밖에 없다.'

초심을 잊지 말고 오래도록 사랑받는 큰 별자리가 되길 바란다. 진심이다.

박재현(한국브랜드마케팅연구소 대표)

먼 길을 돌아
지금 이곳에

취천루(聚泉樓). 명동 중국대사관 앞에 있던 만둣가게입니다. 일제강점기부터 70년도 넘게 한자리를 지킨 맛, 명동을 기억하는 이들에게는 잊지 못할 집이지요. 제게도 역시 특별한 곳이었습니다.

2001년 결혼과 동시에, 남편은 일본 유학 시절부터 꿈꿔온 이자카야를 열었습니다. 압구정동에서 240석의 큰 규모로 시작한 첫 가게는 별다른 광고 없이도 손님이 들어찼고, 얼마 되지 않아 옆 골목에 두 번째 가게를 냈습니다. 손님이 몰려들었다가 나가는 게 몇 차례 반복되고 나면, 남편과 함께 명동에

갔습니다. 남편의 팔짱을 끼고 쇼핑을 하고 난 다음에는 꼭 취천루에 들렀습니다. 명동에서의 쇼핑과 취천루 방문은 한 코스였지요.

그때는 모든 게 여유로웠습니다. 매달 생활비가 넉넉하게 들어오고, 저축과 보험도 안정적으로 쌓여갔습니다. 추워지면 따뜻한 나라로 여행을 갔습니다. 기분을 내고 싶을 때는 고급 호텔에서 값비싼 식사를 즐겼고, 마음에 드는 구두가 있으면 망설이지 않고 샀습니다.

첫 아이를 임신하면서는 잘 다니던 직장도 그만두었습니다. 돈 걱정이 없으니 일보다는 태어날 아이가 더 중요하다고 생각했지요.

만삭의 몸으로 취천루에 앉아 있으면 제 고민은 단 두 가지였습니다. 돼지고기로 할지 소고기로 할지, 얇은 교자로 할지 아니면 두툼한 만두로 할지. 무엇으로 하든 취천루의 만두는 완벽했습니다. 교자는 잘 다져진 고기와 부추로 속이 적절하게 차 있었고, 발효된 피는 찐빵처럼 폭신했습니다.

식사가 끝나면 남편은 한 손에는 쇼핑백 너덧 개를 들고, 다른 한 손으로는 제 팔을 잡아주었지요. 몸도 마음도 풍요롭던 시절이었습니다.

곁들이는 글

그때 중학교 동창인 친구가 저를 찾아왔습니다. 예물 사업을 크게 한다던 친구는 현금이 돌지 않아 당장 사업에 차질이 생겼다고 했지요. 잠깐 생각하다가 큰돈을 빌려주었습니다. 그때만 해도 돈이 제 인생에서 걸림돌이 될 거라고는 생각하지 못했습니다.

그런데 저희에게도 어려운 시기가 조용히 찾아왔습니다. 명실공히 서울의 중심이던 명동이 강남에 그 자리를 조금씩 내주던 때였습니다. 강남 내에서도 변화가 나타나고 있었지만 딱히 애쓰지 않아도 장사가 잘되다 보니, 상권이나 돈의 흐름이 어떻게 변하고 있는지 미처 관심 두지 않았던 것이지요.

그즈음에 경찰서에 출입하는 일도 생겼습니다. 자정이 넘은 시각에 잠든 딸애를 둘러업고 남편을 찾아갔습니다. 남편은 식당 주인답지 않게 술 취한 손님과 몇 번 시비가 붙었습니다. 그런 날이면 잠든 남편의 얼굴에 후회와 자책이 그림자처럼 드리워졌습니다.

식당 입구로 이어지는 긴 계단식 복도를 가득 메웠던 손님들이 하나둘 줄어갔습니다. 빨간 칠이 벗겨진 채 먼지만 뽀얗게 내려앉은 계단이 휑하게 드러나는 것은 순식간이었습니다. 얼굴이 기억나는 사람이 없을 만큼 손님에게 큰 관심이 없었고, 갑자기 술값을 확 올려도 계속 우리 식당에 올 거라고 생각했던 부끄러운 시절이었습니다.

남편은 결혼 전에는 제가 무슨 말을 해도 허허허 웃던 사람이었습니다. 그랬던 남편이 다른 사람이 된 듯 웃음기를 잃어가던 사이, 두 번째 가게를 소리 없이 접었습니다. 다들 가로수길로 몰려가는 게 확연히 보일 때였습니다. 업자들 사이에서도 로데오는 끝났다는 말이 돌고 있었습니다.

그 사실을 알아차렸을 때는 너무 늦었더군요. 그때부터 모든 게 한꺼번에 어려워졌습니다. 카드값 결제일은 매달 빠르게 돌아왔습니다. 원래 이렇게 빨리 돌아왔었나 싶을 정도로요. 각종 세금, 보험료, 생활비에 허덕이던 어느 날, 남편에게서 가벼운 접촉사고가 났다는 연락을 받았습니다.

병원에 갔더니 고개를 갸웃거리던 의사는 뜻밖에도 정밀검사를 권했습니다. 남편의 장 안쪽, 휘어져서 잘 보이지도 않는 그곳에 암세포가 조용히 자라고 있었습니다. 다행히 수술은 잘 끝났습니다만, 함께 걱정해주시던 분들은 암에 걸린 사람은 지금까지와는 완전히 다른 생활을 해야 한다고 말씀해주셨습니다. 남편은 가게를 운영하며 밤낮이 바뀐 생활을 10년 넘게 해온 터였습니다. 엎친 데 덮친 격으로 건강까지 잃게 되자, 이자카야를 정리할 수밖에 없었습니다. 한 가지 좋았던 건 아이들이 더 이상 잠든 아빠 모습을 보며 유치원에 등원할 일은 없다는 것이었지요.

이제 취천루에 가는 건 엄두도 낼 수 없었습니다. 그보다 우리 부부가 평생 할 수 있는 일을 찾아야 했습니다. 장이 예민한 남편이 늘 먹을 수 있는 음식이어야 했고, 우리 아이들도 드나들 수 있는 곳이어야 했습니다. 생각은 돌고 돌다가 막국수에까지 닿았습니다. 결혼 후 매해 여름휴가를 강원도에서 보냈던 것이나 쉬는 날마다 당일치기로 춘천이라도 다녀오자며 서둘렀던 기억을 떠올렸습니다. 우리는 그만큼 절박했고, 그 기억을 다시 붙잡고서라도 일어서야만 했습니다.

그렇게 남편은 막국수를 배우러 홍천으로 떠났고, 몇 달간 고생한 끝에 막국수 만드는 법을 전수받았습니다. 2012년, 드디어 막국숫집을 차렸습니다. 도심과 멀리 떨어진 산골짜기, 그것도 구불구불한 비포장도로를 한참 달려야 나오는 외딴 마을 구석에서 종일 손님을 기다렸습니다. 다른 집들처럼 야채가 수북하지 않다고 어떤 손님이 화를 버럭 내고 간 적도 있었습니다. 손님을 끌어볼까 해서 도토리묵도 무쳐보고 문어도 삶아봤지만, 손님은 오지 않았고 들쭉날쭉하던 생활비도 어느

샌가 끊겼습니다. 새로운 시작으로 잠깐 품었던 희망조차 점점 멀어져갔습니다.

이런 생활이 길어지다 보니 돈이 궁해졌습니다. 더는 작은 딸의 이유식으로 소고기를 다져 먹일 수 없다는 걸 알았습니다. 아이의 피부를 위해 대여한 연수기의 자동이체부터 해지했습니다. 큰딸이 먹던 유기농 우유의 배달도 끊었습니다. 학습지 선생님께도 오지 마시라고 부탁드렸습니다. 당장 한 달치 유치원비를 내지 못한다는 사실을 알았을 때는 집에 있던 은수저를 다 팔았습니다. 그러고 나니 이제는 정말 팔지 말아야 할 것까지 팔아야 할 때라는 생각이 들었습니다. 바로 결혼반지를요.

팔지 말아야 할 것을 아무한테나 맡길 수는 없는 일이었습니다. 예물 사업을 한다던 친구가 떠올랐습니다. 목돈을 빌려갔으니 사업도 안정되었을 테고, 무엇보다 믿고 맡길 사람은 그 친구밖에 없다고 생각했습니다. 결혼반지를 건네며 저는 어깨를 덜덜 떨었습니다. 하지만 혼자 속으로 용기를 내며 되뇌었습니다. '아니야, 아니야. 다이아몬드니까 몇 개월 버틸 수 있는 돈은 될 거야.'

며칠 뒤 반지는 잘 팔았으니 곧 입금해주겠다는 연락을 받

곁들이는 글

있습니다. 추석 대목이라 너무 바빠서 입금이 조금 늦어진다는 친구의 문자에도, "괜찮아. 바쁘면 좋은 거지." 하고 답장을 보내면서 돈이 들어오면 선생님들께 죄송하니 제일 먼저 밀린 유치원비부터 내야겠다고 생각했습니다. 전 무조건 잘한 결정이라고 생각하기로 했습니다.

하지만 친구에게 빌려준 3000만 원과 결혼반지를 판 돈 1325만 원은 〈9시 뉴스〉와 함께 사라졌습니다. 둘째 아이를 재우며 틀어놓았던 뉴스에서는 결혼 예물 사기 사건이 보도되고 있었습니다. CCTV 자료화면 속에서 제가 아는 자동차가 제가 아는 건물 주차장을 유유히 빠져나갔습니다. 값을 내고도 예물을 받지 못한 피해자들과 취재기자 무리가 굳게 잠긴 사무실 문 앞에 서 있는 장면을 끝으로, 다음 뉴스로 넘어가고 있었습니다.

'설마' 하는 탄식과 함께 다리가 후들거렸습니다. 그 길로 낯선 동네의 아파트로 달려가 문을 두들겼습니다. 어떻게 이렇게 모든 일이 한꺼번에 터지는지 감당이 되지 않았습니다. 얼마나 지났을까, 옆집에 사는 듯한 남자가 고개를 내밀고 말했습니다. "저기요, 이제 가세요. 저희도 잠을 자야 할 거 아니에요. 그리고 그 집 안 보인 지 한 2주 됐어요."

저는 칠흑 같은 어둠 속 아파트 바닥에 주저앉아 스타킹이 다 찢어지는지도 모른 채 울었습니다. 집에 돌아오는 택시 안에서 제 울음소리를 참아주며 한참을 듣고만 계시던 기사님이 이런 말을 건네셨습니다. "무슨 일 때문에 그렇게 서럽게 우는지 모르겠지만, 내가 손님보다 조금 더 살아보니 아무리 힘이 드는 일이라도 다 지나갑디다. 그러니까 너무 울지 말아요. 아이고, 왜 저렇게 울어."

그날 이후에도 아이들은 계속 커갔습니다. 날이 추워지니 손님은 더 뜸해졌습니다. 몇 안 되는 손님을 맞이하고 보내며 지냈지요. 그해 겨울, 명동에 갔습니다. 늘 그 자리에 있던 취천루는 없어지고, 낯선 풍경만 가득했습니다. 만둣가게 대신 그 옆에 새로 생긴 도넛 가게에 들어갔습니다. 입에서 살살 녹는 도넛 하나를 무료로 먹으며 쏟아지는 관광객들 사이에 이방인처럼 서 있었지요. '세상에, 사람이 이렇게 많은데, 어쩜 우리 막국숫집에는 사람들이 오지 않는 걸까?' 오래오래 명동을 지킬 것 같던 취천루가 사라진 2012년 겨울. 제 인생에서 가장 추웠던 겨울이었습니다.

그 뒤로도 시간은 흘렀지만, 아픔은 남아 있었습니다. 누구의 위로도 귀에 들어오지 않았지요. 아니, 위로 같은 건 듣고 싶지 않았습니다. 애써 위로해주던 친구의 전화를 억지로 끊으려 할 때였습니다. "힘들지? 내가 많이는 아니더라도 300만 원 정도는 빌려줄 수 있어."

언제 받을 수 있을지, 아예 못 받을지도 모르는 상황인데 선뜻 돈을 빌려주겠다니. 돈 앞에서 우정도 진심도 다 짓밟혔다고 생각했던 저를, 다시 세상에 돌려놓는 돈이었습니다. 그때는 갚을 능력이 없어서 차마 빌리지 못했지만, 그 위로는 무엇보다 강력했습니다. 친구의 300만 원은 우정이었고 진심이었습니다. 말만 들어도 눈물이 나는 돈. 300만 원이 아니라 3000만 원과도 비교할 수 없었지요.

벌써 수년이 흘렀습니다. 시간 참 빠르지요. 저희는 막국숫집으로 인해 삶을 회복했습니다. 드문드문 오시던 손님이 점차 늘어나, 바쁘다고 느낄 겨를조차 없이 지내왔습니다. 하지만 아무리 바빠도 이 친구에게만큼은 꼭 시간을 내야 한다고 생각했지요. 국숫집 쉬는 날, 친구를 만나러 갔습니다.

친구는 석계역 시장 어귀에서 화장품 가게를 했습니다. 가게 안 작은 테이블에 앉아서 밖을 내다보는데 순간 제 눈을 믿을 수 없었습니다. 2012년 겨울, 그토록 먹고 싶던 취천루의 만두. 김이 폴폴 올라오는 찜기, 뚜껑을 열면 훅 풍기는 돼지고기와 후추 향, 발효된 밀가루 냄새, 축축하고 따뜻한 공기, 빠르게 오가는 중국말들, 파란 간판과 어둑한 실내, 오래된 벽 냄새가 바로 그곳에 있었습니다.

열다섯 살 때부터 취천루 주방에서 만두를 빚었을 소년이, 이제는 쉰의 나이를 훌쩍 넘긴 중년이 되어 만둣집을 연 것입니다.

홀린 듯 가게로 들어갔습니다. 보자기처럼 싸여 있는 만두를 입에 넣었습니다. 폭신한 만두피가 가장 먼저 느껴졌지요. 이내 곱게 다진 돼지고기, 부추, 무, 배추가 찢어진 피 사이로 촉촉하게 밀려들었습니다. 저는 천천히 씹고 씹어 그 풍요로움을 꿀꺽 삼켰습니다. 취천루를 드나들던 때로 되돌아간 것 같았습니다. 만두처럼 마음이 꽉 찬 느낌, 세상에서 가장 추웠던 겨울이 따뜻한 봄이 되어 돌아온 듯한 느낌이었습니다.

모든 게 예전 같아졌습니다. 하지만 돌아올 수 없는 한 가지가 있었지요.

제 손가락은 여전히 허전한 채였습니다. 이내 아쉬움을 털고 그저 지금처럼만 행복하자 생각하고 있는데, 휴대전화가 띠링 소리를 냈습니다. 남편이 카톡으로 사진을 찍어 보냈습니다. 사진 속 남편의 손 안에 민트색 작은 상자가 놓여 있었습니다.

　— 이거 선물인데, 뭘까요?
　— 음, 목걸이? 아님 귀고리?
　— 땡!
　— ???

바로 다이아몬드 반지였습니다. 남편도 그동안 말은 안 했지만, 제 마음의 채워지지 않는 한 가지를 알고 있었나 봐요. 전 그때 그렇게 반지를 영원히 날려버린 줄만 알았습니다. 되돌아보면 다이아몬드 반지 없이도 지난 몇 년간 참 행복했습니다. 손님들께 과분할 만큼 사랑도 많이 받았습니다. 하지만 사람들은 누구나 각자 마음속으로 간직한 소중한 것이 있습니다. 저는 영원을 의미하는 결혼반지를 영원히 되찾았습니다.

저는 먼 길을 돌아 지금 이곳에 왔습니다.

손님의 마음까지
사로잡으려면

"코로나에도 끄떡없으시지요?"

주위에서 걱정하며 안부를 물으실 때마다 고맙기도 하지만 조금 서글퍼집니다. 남들이 힘들 때 제가 더 힘들지 않아서 미안하고, 예측할 수 없는 미래에 저 역시 불안한데, 남들은 얼마나 더 불안할까 하는 마음이 앞서기 때문입니다.

돌이켜보면, 저도 다른 사람을 붙잡고 어떻게 식당 운영을 잘할 수 있는지 물어보고 싶지만, 누구에게 무엇을 물어야 할지조차 모를 때가 있었습니다. 온종일 막국수 딱 한 그릇을 팔았던 날에는 집으로 가는 내내 저나 남편이나 한마디 말도 꺼

낼 수 없었습니다.

그랬던 시절부터 지금까지 막국수만 생각하며 살았습니다. 운이 좋았는지, 절박함을 알아봐주셨는지, 감사하게도 국숫집에 점점 많은 손님이 찾아와주셨습니다. 하루에 파는 막국수가 한 그릇에서 열 그릇이 되고, 열 그릇이 백 그릇이 되었지요. 백 그릇이 천 그릇을 넘게 되자 여러분께 전하고 싶은 말이 생겼습니다.

외식업에 종사하는 사람으로서 저 역시 훌륭한 선후배 동료분들이 쓰신 장사나 창업, 마케팅 관련 책을 많이 읽었습니다. 주로 즉각적인 도움을 줄 것 같은 책에 시선이 먼저 갔던 것이 사실입니다. 그런데 이 분야의 책을 읽으면 읽을수록, 세상에 그런 비법(秘法) 같은 것은 없다는 생각이 들었습니다.

다만 경영이나 마케팅 전략을 실제로 적용한 이야기들이 마음속에 남았습니다. 아무리 좋은 방법도 실천하지 않으면 소용이 없었습니다. 훌륭한 전략을 머리로 이해하고 정보를 쌓아도 그것이 저절로 자기 것이 되지는 않습니다. 누군가 실제로 경험한 진솔한 이야기를 읽고, 거기에서 얻은 통찰로 자신의 생각과 행동을 조금씩 바꾸어나가는 게 더 중요한 것임을 깨달았습니다.

그래서 이 책에는 '비법'이 아니라 온전히 제가 겪은 일들만 담았습니다. 미리 고백하자면 "저희는 손님이 줄 서는 식당을 만들기 위해 이런 전략을 세웠어요. 짠!" 하고 내놓을 이야기는 이 책 어디에도 없습니다.

오늘의 고기리막국수는 하루하루 먹고살기 위해서 시도했던 노력에 손님의 이야기가 더해진 총합일 뿐입니다. 특히 손님의 행동과 말씀에 관심을 기울이고, 마음의 소리까지 듣고자 손님 간의 대화도—되도록 멀리서, 때로는 가까이서, 심지어 엿듣기도 하면서—놓치지 않으려 했습니다. 거기에 손님이 식당에 오셔서 음식을 맛보고 식당에 대한 어떤 정서와 의미를 담아가시는지도 세심하게 살피고자 했습니다. 물론 시행착오도 많았습니다만, 끝까지 포기하지 않은 이유는 손님에게 사랑받기 위해서였습니다.

손님의 마음을 얻으려는 태도가 어느 정도 몸에 배자 놀라운 일이 벌어졌습니다. 국숫집을 좋아해주시는 손님들이 다른 손님을 데리고 와주셨습니다. 어느 날은 그 사실이 믿기지 않아, 마당으로 나가 그분들이 보이지 않을 때까지 인사했던 기억이 납니다. 아주 느리지만 꾸준하게 국숫집의 손님층이 점점 두꺼워졌습니다. 국숫집이 지키고자 하는 맛과 진심을 오늘날까지 흔들림 없이 지킬 수 있었던 것은 모두 오래 지켜봐주신 손님들 덕분이었습니다. 그렇게 국숫집 손님들은 단골이 되었습니다.

그리고 놀라운 일은 코로나19를 겪고 있는 이 위기의 시대에 다시 한번 기적처럼 일어났습니다.

경기가 좋을 때는 기본만 지키면 어느 집이나 잘됩니다. 맛이 제대로 서 있고 합리적인 가격에 서비스까지 갖추었다면 별문제가 없었습니다. 그런데 위기가 오니까 손님이 달라졌습니다. 위기가 오고 공황이 계속되면 사람들은 경제적으로나 심리적으로 위축됩니다. 이는 결국 단 하나의 식당, 단 하나의 제품만을 찾는 것으로 이어집니다. 선택의 폭이 좁아지는 것이지요. 이런 상황에서 가게를 운영하는 사장님들은 불안해질 수밖에 없습니다. 게다가 최근에는 포장이나 배달, 가정 간편식의 증가 등으로 시장 상황이 크게 바뀌면서 걱정과 고민은 더욱더 깊어지고 있습니다.

하지만 이 시기에 누구보다 불안을 느끼는 분들은 바로 손님입니다. 생업이나 학업 등을 위해 부득이하게 타인과 접촉해야 하는데, 매 순간 건강과 안전을 위협받고 있습니다. 게다가 비대면 시대에 정서적인 교감과 소통의 욕구를 채우기가 더욱 어려워지고 있습니다.

그런데도 손님들은 막국수 맛을 보기 위해 여전히 줄을 서 주시지요. SNS에 자발적으로 후기를 올려주시고 끊임없이 입소문도 내주시고요. 이렇듯 위기에도 손님의 선택을 받으면서, 국숫집 이야기를 더 많은 분과 나누어야겠다는 생각이 커졌습니다.

이 책은 다섯 장으로 구성되어 있습니다. 각 장을 지나는 과정에서 '진심이 만든 오래가는 식당으로 향하는 길'에 동행하는 느낌을 드리고 싶었습니다. 손님이 오시기 전 밤길 준비를 하는 '설렘', 손님을 예의와 친절로 모시는 '맞이', 손님과 주인의 관계에서 진심이 깊어진 '사이', 주방이 아닌 사람에게서 나오는 음식을 만드는 '정성', 식당 고유의 정서와 의미를 남기는 '여운'. 이 길을 따라가면서 위기를 헤쳐나갈 지혜와 용기를 얻으시기를 바랐습니다.

자기 분야에서 일가를 이룬 사람들에게 조언을 구하면 '진심으로 마음을 다하라'는 말이 돌아올 때가 종종 있습니다. 저역시 한때는 그런 충고를 들으면 '말이야 쉽지. 도대체 어떻게 마음을 다하라는 거야?' 하며 감조차 잡지 못했습니다. 그래서 이 책은 누구나 경험해보았을 법하거나 제가 직접 경험해본 것들만 추려 기술했습니다. 경제·경영서에 나오는 어려운 이론이나 용어, 방법론은 전혀 없습니다. 그저 잘 아는 식당 하는 옆집 언니(또는 누나)가 조곤조곤 이야기해주는 책이라고 생각해주시면 고맙겠습니다.

오래가는 생명력을 지닌 식당을 하고 싶습니다. 세상의 이치가 그렇듯, 생명력이라는 것은 본질에 다가갈수록 강해지겠지요. 맛의 근본에 이를수록, 다른 사람의 마음에 가닿을수록, 어떤 큰 위기가 닥쳐도 손님들의 귀한 선택을 받으리라 믿습니다. 수십 년, 수백 년이 지나 언제 들어도 좋은, 오래도록 사랑받는 음악처럼요.

1장

설렘

장사는 손님이
오기 전부터
시작된다

좋아하니 계속하고,
계속하니 깊어집니다

◡————— "오늘은 어디서 먹을까?"

"5번 테이블 지금 정리하고 있으니 거기서 먹자."

"난 물막국수 먹어야지. 아니, 들기름막국수로 할까?"

"맨날 먹는 걸 뭘 그렇게 고민해."

슬며시 웃는 남편과 볕 좋은 창가 자리에 마주 앉습니다. 고기리막국수 주인장인 저희 부부도 손님이 되어보는 시간입니다.

곧이어 국수를 내온 직원이 맛있게 먹는 법을 설명합니다. 남편은 설명을 듣는 내내 멋쩍어하면서도 기분이 좋은가 봅니다. 들기름막국수를 최초로 만든 사람이니까요.

"국수 뽑는 분창을 바꿨더니 더 하늘하늘한데?"
"평소보다 국수를 더 많이 들어 올려 먹어봐."

남편의 말에 입 안 가득 면을 씹는데 의자 끄는 소리가 들립니다. 옆 테이블에 앉았던 손님들이 다 드시고 나가시려나 봅니다. 처음 본 손님이든 자주 오는 손님이든 다 우리 집을 찾아주신 손님인데, 제가 가만히 앉아 막국수만 먹고 있을 순 없지요. 국수를 마저 다 삼키지도 못한 채 엉거주춤 인사를 드립니다.

그러면 손님들은 카운터에서 인사드리는 것보다 어째 훨씬 더 좋아하십니다.

"어, 사장님도 우리처럼 막국수 드시네? 안 질리세요?"
"네, 안 질려요. 너무 맛있어요."

민망하지만 솔직한 제 마음을 말하고 말았습니다.

막국수를 좋아하는 저와 남편은 1년에 280번은 막국수를 먹습니다. 1년에 300일 정도 영업을 한다고 해도 정말 많이 먹지요. 그런 저희를 보고 손님들이 놀라는 것도 이해합니다. 보는 것만으로도 너무 질려서 아예 입에도 대지 않는다는 식당 사장님들도 계시니까요. 이렇게 거의 매일 막국수를 먹는 이유는 두 가지입니다.

하나는 그저 막국수가 좋아서입니다. 좋아하니까 막국수 생각만 하게 되고, 생각에 생각을 더하다 보니 어느새 막국수를 만들게 되었습니다. '좋아하니까 막국수 장사를 한다.' 이 것이 저희에게는 너무나 자연스러웠지요. 만약 제가 좋아하지도 않는 음식을 손님에게 권해야 한다면 얼마나 괴로울까요. 제가 먹었을 때 도통 맛이 없는 음식을 맛있다고 팔아야 한다면 얼마나 힘들었을까요. 좋아하는 음식이니 손님에게도 권할수 있고, 제가 먹어도 맛있는 만큼 자신 있게 팔 수 있습니다.

막연히 좋아하는 것에서 그치지 않고, 특히 어떤 점을 좋아하는지를 세세하게 들여다보았던 것도 중요했습니다. 어떻게 하면 내가 좋아하는 것을 남들도 좋아하게 만들 수 있을지 조금씩 터득해나갈 수 있었거든요. 제가 맛본 막국수의 느낌을 하나씩 전함으로써 손님들이 맛있다고 눈을 반짝이는 순간이 짜릿합니다. 다른 사람들도 막국수를 좋아하게 되는 것을 보면 말로 표현하기 힘든 기쁨을 느낍니다. 막국수를 먹는 것만으로도 좋은데 이런 기쁨까지 안겨주니 매일 먹을 수밖에요.

다른 하나는 그날의 막국수를 평가하기 위해서입니다. 어제와 오늘의 막국수 맛이 일정한지, 손님 입장에서 끊임없이 맛보고 테스트합니다. 새로 들어온 고춧가루가 맵던데 숙성한 양념장은 좀 부드러워졌는지, 간장을 몇 cc 더 넣었는데 혹여나 간이 확 세진 것처럼 느껴지는지, 염도계로 측정되지 않는 수치 사이에서 육수의 간이 세밀하게 달라지진 않았는지, 매일 생길 수밖에 없는 미세한 차이조차 더 줄일 방법을 고민합니다.

국숫집에 오는 손님 중 아기 엄마를 유심히 보게 된 것도 그 때문입니다. 아이를 돌보다 보면 막국수가 나와도 항상 일행과 같이 먹지 못하고 가장 늦게 먹기 시작합니다. 그분들을 위해 막국수를 조금 천천히 먹기 시작했을 때의 면 상태까지 체크합니다. 맛 자체뿐만 아니라 손님의 상황을 고려해 최상의 맛을 보여드리고 싶은 마음입니다. 이때만큼은 우리 음식이 무조건 최고라는 생각에서 벗어나는 시간입니다.

'이 정도면 됐다'라는 생각에서 멈춘다면, 정지가 아니라 퇴보와도 같지요. 어제보다 조금 더 맛있는 음식을 손님께 내드리려는 마음으로 매일 조금씩 노력하다 보니, 국숫집을 낸 지 어느덧 9년이 다 되어갑니다.

1장 설렘

여덟 테이블로 시작한 작은 가게는 이제 곱절 남짓한 규모가 되었지만, 그때부터 함께했던 가구들만은 세월의 더께가 앉은 채로 변함이 없습니다. 시어머님이 이 가구들을 물려주실 때, 그 흔한 "대박 나라!" 이런 말씀은 하지 않으셨습니다. 다만 "오래가는 집이 되렴." 하고 말씀해주셨지요. 당신의 빛나던 젊은 시절부터 오래 곁에 두었던 가구를 주시며, 저희 앞날에도 그렇게 오랫동안 좋은 일만 있기를 빌어주셨습니다.

그런데 주위를 돌아보면, 오래가는 것의 가치가 점차 퇴색되는 듯합니다. 새 아이템이 뜬다 싶으면 금세 퍼지고, 죄다 소비되었다 싶으면 또 다른 것이 그 자리를 차지합니다. 그런데도 많은 사람이 대박을 꿈꾸며 유행을 좇습니다. 물론 그 길로 가면 안 된다고는 말할 수 없습니다. 하지만 해를 거듭할수록 식당을 한다는 것의 가치는 얼마나 오랫동안 지속할 수 있느냐에 달려 있다는 생각이 점점 뚜렷해집니다.

오래가는 생명력을 지닌 식당을 하고 싶습니다. 세상의 이치가 그렇듯, 생명력이라는 것은 본질에 다가갈수록 강해지겠지요. 맛의 근본에 이를수록, 다른 사람의 마음에 가닿을수록, 어떤 큰 위기가 닥쳐도 손님들의 귀한 선택을 받으리라 믿습니다. 수십 년, 수백 년이 지나 언제 들어도 좋은, 오래도록 사랑받는 음악처럼요.

조금 멀리 돌아왔지만, 오래하려면 진심이어야 한다고 말하고 싶습니다. 정말 좋아하기에 묵묵히 할 수 있고, 꾸준히 하다 보니 깊이가 더해지는 순간이 오더군요. 지금의 모습에 이르기까지 오랜 시간이 걸렸지만, 하루에 한 그릇을 팔던 그 시절부터 지치지 않고 저희의 진심을 전했습니다.

그러다 보니 음식의 내공도, 손님들과의 인연도 깊어졌습니다. 그리고 그 깊이에 한 번이라도 빠져본 손님들은, 감사하게도 우리가 이 일을 지속할 수 있도록 '진심'을 되돌려주셨습니다.

좋아하는 음식을 늘 먹을 수 있어서 좋습니다.

언제 보아도 반가운 단골손님들과 오래도록 막국수를 먹고 싶습니다.

손님의 이야기를
담는 공간

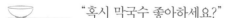 "혹시 막국수 좋아하세요?"

남편은 마치 제게 막국수의 세계를 알려주려고 나타난 사람 같았습니다. 처음 만난 날에도 메밀 면과 다른 면, 또 막국수와 냉면의 차이를 열심히 설명했지요. 그 눈이 유난히도 반짝거린 탓인지 저도 모르게 "너무 좋아해요"라고 대답하고 말았습니다. 이제야 고백하자면, 제가 자신 있게 좋아한다고 했던 그 막국수는 학창 시절 닭갈비집에서 후식으로 먹던 쟁반막국수였습니다. 남편은 지금도 그 사실을 모릅니다만.

아무튼 이 한마디 때문에 신혼여행을 제외한 모든 휴가나 여행은 무조건 강원도로 가는 결혼생활을 맞았습니다. 속초 시내에 짐을 풀면 관광객이 아닌 현지인이 많이 간다는 막국숫집부터 갔습니다. 일단 시원하게 한 사발 먹고 배가 꺼지는 듯하면 곧장 양양으로 향했습니다. 양양의 한 막국숫집은 신발을 잃어버리지 않게 비닐에 싸들고 들어갈 정도로 사람이 많았는데, 막국수 맛도 단연코 최고였습니다. 까끌까끌하면서도 야무지게 씹히는 면을 비벼 먹다가 동치미를 부으면 덥고 습한 여름은 어느새 청량감으로 가득해졌지요. 다음 행선지를 제가 더 적극적으로 정하기 시작했던 건 그때부터였습니다.

속초에서 양양으로, 양양에서 고성으로, 고성에서 인제로 또 홍천으로, 시간이 허락하는 대로 막국수를 먹으러 다녔습니다. 춘천에는 워낙 막국숫집이 많으니까 춘천 가는 날에는 작정하고 하루 일정을 잡았습니다. 짧게는 1시간, 길게는 3시간 간격을 두고 막국수를 먹었는데, 그때마다 놀라웠던 건 메밀이라는 하나의 재료가 지닌 다채로운 맛이었습니다.

대관령을 기준으로 나뉘는 영서와 영동 지역은 막국수 맛이 확연히 차이가 났습니다. 심지어는 같은 지역이라도 이 동네 다르고 저 동네 달랐습니다. 이렇게 숱하게 강원도를 다니던 우리는 결국 운명처럼 막국숫집을 차렸습니다.

사실 국숫집을 시작한 것은 생계 때문이었습니다. 국수를 팔아 얼마라도 남았으면 좋겠고, 그저 남은 돈으로 우리 아이들하고 걱정 없이 먹고살았으면 좋겠다고 생각했지요. 그러다 보니, 손님이 오면 음식을 만들어서 내고 돈을 받는 일이 기계적으로 반복될 뿐이었습니다. 하지만 점차 막국수만 팔 수는 없다는 생각이 강해졌습니다. 가만히 보니까 그 국수 먹는 사람들이 눈에 들어오더라고요. 저희도 주인이기 전에는 꽤 오랫동안 손님이었으니까 자연스레 갖게 된 마음이었을 겁니다.

국숫집을 찾아오시는 손님들을 볼 때마다, 이곳에서 각자 소중한 이야기를 만드시겠구나 하는 생각이 들더라고요. 남편의 취향과 열정이 근사해 보여 결혼을 하고, 이제는 아이들까지 데리고 막국수를 먹으러 다니는 저희 가족처럼요. 손님의 이야기를 담을 수 있는 식당이 되어야겠다고 마음먹었습니다.

그러기 위해서 먼저 손님의 이야기를 '경청'해야 했습니다.

손님 중에는 5만 그릇을 내려야만 교체하는 국수틀의 미세한 차이를 알아차리는 꼬장꼬장한 어르신, 햇고춧가루로 만든 양념장으로 비빔막국수를 내기 시작한 때를 감지하는 손님, 국수 내릴 때 폴폴 퍼지는 햇메밀 향까지 기가 막히게 맡아내는 단골분들이 계십니다. 그런가 하면 주문한 물막국수가 그간 익숙하게 먹어오던 맛과 달라, 식초와 겨자로 몇 번이나 간을 맞추다가 결국 남기는 분도 계십니다. 한편 춘천 막국수처럼 부드럽게 삶긴 면이나 갓김치를 턱턱 올려 싸먹는 영동 지방 막국수의 알싸한 맛을 좋아하면서도, 가끔 우리 집 막국수 맛을 기억하고 찾아주시는 분들도 계십니다. 각기 다른 사람들의 취향을 발견하고, 다양해서 더 존중하고 싶어지는 기호를 읽어 내려가다 보니, 우리 막국수가 일방적으로 맛있다는 주장은 의미가 없다는 것을 알게 되었지요.

저희는 강원도 곳곳을 누비며 우리가 추구하는 맛의 본질을 찾고자 노력했습니다. 그 결과 막국수라는 음식은 주재료와 부재료의 조화로 이루어지는 한 그릇이라는 생각이 들었습니다. 면이 중심에 탄탄하게 서 있고 거기에 양념장이나 육수가 잘 어우러지면 먹고 난 뒤의 여운까지도 만족스러웠습니다. 그래서 맛의 기준을 메밀이라는 식재료의 장점을 내세우는 데 두었습니다. 부재료는 주재료인 메밀의 맛을 북돋아주고 조화를 이루어내는 역할이라고 여겼고요. 저희 기준에 손님의 이야기를 꾸준히 더해온 셈입니다. 물론 지금도 강원도 막국수 여행은 계속하고 있습니다.

그런 손님의 이야기를 '배려'하고 싶었습니다.

소중한 사람과 맛있는 식사를 하는 이 시간이 편안하고 따뜻하기를 바랐습니다. 마치 집에 온 것 같은 분위기를 느끼도록 한 것도 그런 마음에서였습니다.

손님들은 디딤돌 위에 가지런히 신발을 벗어놓고 들어섭니다. 외출했다가 집으로 돌아오면 마루에 앉아 신발부터 벗어놓던 때처럼요. 그 시절에는 온 동네를 뛰어다니며 먼지를 뒤집어쓰고 온 동생도, 큰 가방 메고 학교에 갔다 온 오빠도, 지친 표정으로 퇴근하는 아빠도, 시장바구니 내려놓고 겨우 허리를 펴던 엄마도, 신발 벗고 올라서면 피곤했던 기색은 사라지고 금세 환한 얼굴이 되었지요. 신발을 벗는 약간의 불편만 감수하면 식당도 충분히 집 같은 공간이 될 수 있겠다고 생각했습니다. 그리고 그 편안한 공간에서 손님들은 일상의 근심과 걱정을 벗고 기대와 설렘 가득한 특별한 이야기를 채워, 국숫집을 오래 머물고 싶은 공간으로 만들어주실 겁니다.

— 영수가복(永受嘉福)

발이 한결 편해진 채로 식당 안에 들어서면, 가장 먼저 손님을 반기는 글귀입니다. 이곳에 오시는 분들이 아름다운 복을 받는다는 뜻입니다. 복과 함께 편안함까지 가져가시기를

바라는 마음을 담았습니다.

수많은 사람들의 삶이 막국수와 만나 흘러넘치기를요.
국숫집에는 오늘도 손님들의 이야기가 수북이 쌓입니다.

공간을
팝니다

요즘 핫플레이스라는 곳에 가보면 몇 번의 감탄사는 필수 코스인 듯합니다. 눈길을 사로잡는 매장 입구에서 한 번, 근사한 실내 인테리어와 센스 넘치는 실내 소품을 보며 또 한 번. 기대감이 한껏 높아졌을 때 나오는 음식도 꼭 잡지 화보에 나오는 것 같지요. 저도 다른 사람들처럼 벌떡 일어나서 '항공샷'을 찍습니다.

그런 곳을 몇 집 다니다 보면, SNS 피드는 금세 화려한 사진들로 채워집니다. 그런데 그 사진들을 보고 있자면, 하나의 스타일이라고 해도 믿을 정도로 서로 비슷합니다. 그때는 분명 좋았는데, 나중에 생각해보면 이름도 가물가물해지고 그곳들을 다시 찾지 않게 되는 경우도 있었지요.

하지만 왠지 계속 가고 싶었던 공간은 무언가 하나 더 있었던 것 같아요. 그 하나를 정확하게 표현할 수는 없지만, 거기서 느꼈던 것을 꼭 가져오고 싶었습니다. 사람들이 다시 오고 싶게끔 만드는 것 말이에요. 그렇습니다. 국숫집을 새로 짓기로 하면서 가장 신경 쓴 건 손님들이 다시 찾고 싶은 공간으로 만드는 것이었습니다.

저희가 새집으로 이사할 때, 줄곧 받았던 질문이 "이사하면 많이 넓어지나요?"였습니다. 조금 커지기도 했지만, 테이블 공간보다는 주변 공간을 더 넓혔습니다. 전문가들이 본다면 비효율적이라고 흉볼지도 모르겠어요.

먼저 대기하시는 손님의 공간부터 넓혔습니다.

나지막한 돌담 사이 계단을 오르면, 지붕을 얹은 야외 공간에 테이블과 의자가 눈에 들어옵니다. 이곳까지 찾아와주신 분들이 잠시 고단함을 내려놓고 설렘으로 기다리시기를 바랐습니다. 기다림이 조금 지루할 즈음, 마당으로 나가 두툼하게 깔린 멍석을 밟고 서보면 탁 트인 하늘을 배경으로 푸르고 흰 차양이 휘날리는 모습도 볼 수 있습니다.

고풍스러운 정취를 자아내는 한옥 외관의 정면에는 소박한 툇마루가 있어 편히 걸터앉을 수도 있습니다. 오늘날 도심에는 흙먼지가 날리거나 굽은 길은 거의 없지만, 걷다가 쉬어갈 곳도 찾아보기 힘들지요. 간판을 보고 바로 들어가도록 설계된 도심형 매장에서는 볼 수 없는 공간을 살려내고 싶었습니다.

식당 곳곳에 자연스럽게 녹아든 휴게 공간에서 손님들은 그 옛날 동네 어귀에 모여 정을 나누던 어르신들처럼 도란도란 이야기를 나눌 수 있습니다. 잠깐이지만, 소외와 단절의 시대를 살아가는 분들에게 이웃과 함께 있다는 안도감을 느끼게 해드리고 싶었습니다.

다음으로 재료를 위한 공간을 확보했습니다. 솔직히 손님 한 분이라도 더 받을 수 있게 테이블 수를 늘리고 싶은 마음도 컸습니다. 하지만 자리가 없어 돌아가시는 손님을 보며 아쉬워할 때마다 남편은 말했습니다.

"지금 우리가 해야 할 일은 손님을 더 받는 게 아니야. 메밀 자체의 맛을 일정하게 유지하는 게 가장 중요해."

음식 장사는 맛에서 시작합니다. 따라서 맛의 바탕이 되는 재료를 다루는 일이 기본이 되지요. 수확한 메밀은 겉껍질을 벗겨내 초록빛을 띠는 녹쌀이라는 이름으로 국숫집에 옵니다. 도정된 지 7일 이내의 녹쌀은 곧바로 매장 내의 저온 저장고에 보관됩니다. 껍질을 벗겨두었으니 온도는 일정하게 유지하고 습도를 조절하여 산화를 최대한 늦춥니다. 쌀을 비롯한 곡식, 과일, 커피까지 껍질로 싸인 모든 열매는 산소에 노출되면 맛과 향이 떨어지게 마련이니까요. 결국 우리는 손님의 식탁에 오르기까지 메밀의 품질을 유지하기 위해 저온 저장고를 증축하기로 했습니다. 메밀을 최상의 상태로 보관하고 싶은 마음은 매장 규모를 넓히는 일보다 중요했지요.

마지막으로 배려를 위한 공간을 만들었습니다. 내부에 들어서면 한가운데에 세운 벽이 보입니다. 그 공간까지 테이블을 더 들여놓을 수도 있지만, 직원과 손님 모두를 위해 그렇게 하지 않았습니다. 벽을 기준으로 공간을 분리해 한쪽은 손님의 공간, 다른 한쪽은 직원의 공간을 확보했습니다. 손님들은 주방 기물이나 반찬통 등이 보이지 않는 상태에서 여유 있게 지나다녔으면 했고, 직원들은 간혹 손님과 동선이 꼬여 위축되거나 죄송한 마음이 드는 일 없이, 음식 준비에만 집중할 수

있기를 바랐거든요.

국숫집을 이렇게 짓기까지 고민이 많았습니다. 하지만 분명한 이유가 있었지요. 우선 균형을 생각했습니다. 어느 식당이든 주방에서 맛의 품질을 지킬 수 있는 범위와 홀에서 손님을 응대할 수 있는 범위가 있습니다. 공간을 배치할 때 저희가 생각하는 균형이 흔들리지 않는 지점까지 철저히 고심해 지키고자 했습니다.

다음으로 손님을 생각했습니다. 이곳을 다녀가시는 분들은 단지 허기를 채우고 가시지 않습니다. 손님들은 사랑하는 이들과 편안하고 맛있게 음식을 먹었던 기억, 식당에 오기까지의 여정과 도착해서의 첫인상까지 담아가십니다. 그 기억이 최고의 순간이자 특별한 경험으로 남을 수 있도록 공간을 갖추어왔습니다.

종종 손님들이 떠난 자리를 보곤 합니다. 앉았다 일어났거나, 젓가락을 들었다 놓았던 곳마다 손님의 자취가 남습니다. 그러고는 곧 다른 손님의 온기로 다시 채워집니다. 아무리 화려한 공간이라도 사람이 드나들지 않는다면, 또 그 공간을 좋았던 순간으로 기억해주지 않는다면, 그 공간은 힘을 얻지 못

할 거예요. 누군가 머물렀던 자리에 그 사람의 여운이 남는다는 것을 알게 되었을 때부터 막국수만 팔 수는 없었습니다.

사람들의 감탄이, 속삭임이,
씨줄과 날줄로 엮여 아름답게 펄럭이는 공간을 팝니다.

가격을 올리는 것보다
중요한 것

국숫집 손님들은 종종 싸웁니다. 식당에서 싸움이라니, 놀라셨나요. 요즘에 좀처럼 보기 어렵다는 카운터 몸싸움 이야기입니다. 제가 구식인지는 몰라도, 서로 계산하겠다는 손님들의 모습은 참 정겹습니다.

모바일 간편송금 서비스나 더치페이 앱과 같은 도구들이 아무리 편리하다고 해도, 함께 밥을 먹었는데 각자 자기가 시킨 음식값만 낸다고 하면 왠지 밥을 따로 먹고 나온 것 같은 기분이 들 때가 있지요. 계산대 앞에서도 발휘되는 한국인의 정에는 다른 사람에게 따뜻한 밥 한 끼를 대접하고 싶은 마음이 담겨 있기 때문일 겁니다.

막국수의 가격은 다른 국숫집이나 냉면집과 비교하면 합리적입니다. 가게를 시작하고 7년간 가격을 올리지 않았습니다. 손님이 많아지면서 유혹은 여러 번 있었습니다. 가격을 올리면 첫 가게에서의 실패를 만회하는 것은 물론, 강원도 구석구석 돌아다니며 막국수 맛을 찾느라 겪은 고생까지 보상받을 수 있겠다 싶었습니다. 하지만 국수 가격은 2019년 딱 한 번, 1000원을 인상했을 뿐입니다.

그렇게 할 수 있었던 것은 이윤보다 더 중요한 것들이 보였기 때문입니다. 바로 손님들을 비롯한 우리 직원들, 거래처 직원들, 동네 혹은 온라인에서 만난 이웃들이었지요. 단지 우리가 잘해서 지금에 이르게 된 것은 아니라는 점은 분명했습니다. 기꺼이 우리를 선택해준 분들에 대한 감사의 마음을 그분들과 더 오래 나누어야겠다고 다짐했습니다.

그러자 재료가 이만큼 들었으니 인건비와 기타 비용을 제외하고 이 정도는 남아야 한다는 마음이 비워졌습니다. 비로소 식당을 하는 보람이 무엇인지 그 의미를 받아들이게 된 순간이었습니다.

7년간 가격을 유지했던 것은 결과적으로도 좋은 선택이었습니다. 2018년에 이르러서는 7000원짜리 막국수로 하루에 800만 원이 훌쩍 넘는 매출을 올렸습니다. 손님이 많이 와주시는 만큼 그에 보답하려는 마음에 좋은 재료로 원가율을 높이고, 막국수를 더 잘 만들 수 있는 방법에만 집중했기 때문이겠지요.

이렇듯 국숫집은 가격을 올리지 않은 대신, 가치를 올리고자 했습니다.

다른 식당 사장님들처럼, 저희도 손님들에게 "맛있어요"라는 말을 가장 듣고 싶었습니다. 물론 "가격에 비해 맛이 없어요"라는 말은 안 들었으면 했고요. 그런데 사람들 입에서 '맛있다'는 말이 절로 나오게 하는 데는 실제 음식 맛뿐만 아니라 주변의 다양한 자극이 복합적으로 작용합니다. 저희가 손님이었을 때만 돌아봐도 왠지 맛있게 느껴지는 집들이 있었습니다. 똑같은 음식이라도 상황에 따라 그 맛과 분위기가 다르게 느껴지는 것을 보면, 분명 맛있게 느껴지게 하는 요소 역시 중요하다는 말이겠지요.

국숫집 곳곳에는 음식이 맛있게 느껴지게 하는 장치들이 있습니다. 손님을 모실 때는 "편한 곳 아무 데나 앉으세요"라고 말하는 것이 아니라, 방향을 가리키는 손끝의 언어를 곁들여 정확하게 좌석을 안내합니다. 손님이 서비스가 잘 갖추어

저 있다는 느낌을 받도록요.

파인다이닝에 가야 볼 수 있었던 생화를 막국숫집에 놓아 두었습니다. 마루 탁자에는 센터피스를, 창틀과 화장실에는 라넌큘러스, 리시안셔스, 튤립, 거베라 등의 계절 꽃을 볼 수 있도록 준비했습니다. 흰 벽에는 간결해서 더 인상적인 메뉴판이 걸려 있습니다.

오픈 주방에서 입는 조리복, 특히 홀에서 손님을 맞을 때 입는 앞치마는 주문 제작으로 맞추었습니다. 음식을 낼 때는 직원이 맛있게 먹는 방법을 빠뜨리지 않고 안내합니다. 그냥 손님으로 오셨던 분들이 그 순간만큼은 음식 앞에서 몰입하는 경험을 하시길 바라서지요.

손님이 머무시는 방마다 맑은 음질을 갖춘 스피커를 설치했습니다. 식사에 방해가 되지 않도록 음역대가 넓지 않은 피아노곡을 선곡합니다. 거기에 주문을 받거나 그릇을 치우는 데 큰 소리가 나지 않도록 유의하여 손님이 자연스럽게 음식에 집중할 수 있도록요.

조도와 온도도 섬세하게 조절했습니다. 자연광과 조화를 이루는 조명은 통창으로 쏟아지는 햇살을 즐길 수 있게 하지요. 한여름에는 실내 공기를 시원하게 하더라도 바닥은 따스

하게 하여 한기를 느끼지 않게 합니다.

'맛있는 집이구나'라는 인상을 주는 이런 장치들은 음식의 가치를 높이는 고기리막국수의 미장센(mise-en-scène)이라고 할 수 있습니다. 이렇듯 국수 한 그릇의 가치를 올리려면 음식 맛은 물론이고 다른 요소의 합을 끌어올려야 합니다. 그런데 이들이 융합되는 과정에서 수치화될 수 없는 '사람'이 반드시 관여합니다. 사람이야말로 식당의 온도감을 형성하기 때문이지요.

각자의 입속으로 들어갈 음식을 우리는 왜 같이 나누어 먹는 걸까요. 누군가와 밥을 먹는다는 것은 배고픔을 채운다는 그 이상의 의미잖아요. 더 의미 있는 건 같이 먹는 사람에 대한 마음이고, 같이 먹는 사람과 보내는 시간이겠지요. 상대의 기뻐하는 표정을 보며 행복해하는 사람들의 모습이 좋아서, 그 사람들을 보려고 국숫집을 합니다. 사랑하는 사람을 꼭 데려가고 싶은 식당이 되고 싶고 누가 국숫값을 내더라도 기분 좋은 식당을 하고 싶습니다.

식당이 오래가려면 원가보다 가격이 높아야 하고, 가격보다는 가치가 높아야 합니다. 그런데 원가와 가격은 주인이 정하지만, 가치는 손님들이 매겨주셔야 하는 거잖아요. 그간 맛있게 느껴지게 하려고 애쓰다 보니 어느덧 국숫집의 가치가 조금씩 높아지고 있는 요즘입니다.

참고로 저는 카운터 몸싸움을 좋아합니다. 서로 내겠다고 싸우시다가도 저랑 눈이 마주치면 이런 말씀을 하시거든요.

"와, 여기 막국숫집 맞아요? 무슨 막국수가 이렇게 맛있고 고급스러운가요?"

기다림이
설렘이 되도록

 "얼마나 기다려야 해요?"

국숫집에 처음 오신 분이 분명합니다. 처음 오신 손님에게 대기 예상 시간을 알려드리면 일제히 눈이 동그래집니다. 재미있는 건 20분이라고 안내해드려도 놀라시고요, 2시간이라고 해도 놀라십니다. 기다리는 것은 단 몇 분이든 몇 시간이든 다 놀랄 일이지요.

이미 와보신 손님은 자연스럽게 대기 시스템에 이름과 연락처부터 입력합니다. 일행분은 주차하고 계실 거고요. 보통 2인 1조로 신속하게 움직이시거든요.

대기 공간에 마련된 의자에 앉아 담소를 나누는 친구들, 돌담에 기댄 채 휴대전화를 같이 들여다보는 연인, 곧 순서가 임박했는지 입구 앞에 둥글게 서 있는 직장인들까지 왠지 여유가 있어 보이는 국숫집의 풍경입니다.

　　처음 국숫집에 손님들이 기다리시기 시작했을 때, '밖에서 힘드실 텐데. 이걸 어쩌나?' 싶었습니다. 그러니 저도 모르게 안에서 식사 중인 손님을 쳐다보게 되더라고요. 심지어는 다 드시고 나가는 손님들조차 "아유, 빨리 먹고 일어나줘야지. 저렇게 사람들 기다리는데." 하고 말씀하시는 게 아니겠습니까.

　　손님이 줄 서는 집들 중에 처음에 장사가 잘되었던 이유를 잊고 맛이든 서비스든 그저 빨리빨리 해치우는 길을 선택하는 경우가 있습니다. 예를 들면 고기는 한꺼번에 삶아 진공포장을 해두고, 면을 만들 가루도 미리 다 빻아놓습니다. 또 식사를 마친 테이블을 치우기도 전에 다음 손님을 불러 앉히고, 소리 높여 주문을 넣으며 직원들을 몰아칩니다. 이런 행동이 반복되다 보면 사람도 차츰 변합니다. 주문받은 음식이 다 나갔으면 얼른 먹고 갔으면 좋겠고, 그 자리에 다음 사람을 앉히려고 마음이 급해집니다. 꾸준히 오는 단골손님보다 한 번에 많이 팔아주는 사람이 반가워지면서 손님을 돈으로 보게 됩니다. 물론 이를 가장 먼저 알아차리는 건 바로 손님들입니다. 다시 오고 싶은 마음 하나 남기지 않고 발길을 돌리게 되지요.

손님들이 기다려주신다면, 그만큼 우리의 시간을 손님에게 쏟는 게 맞는다고 생각했습니다. 조금 느리게 가더라도 음식의 맛과 서비스를 유지하고자 했지요. 국숫집에서는 손님들이 여유롭게 식사를 즐길 수 있는 것은 물론, 기다린 보람까지 느낄 수 있게 해드리고 싶었습니다. 이런 마음에서 손님들이 기다리는 시간부터 살펴드려야 한다고 생각했습니다. 몰려드는 손님을 제대로 응대하는 방법을 찾느라 처음에는 시행착오도 겪었습니다. 그저 도착한 순서대로 노트에 연락처를 기재하는 방식이었을 때는 얼마나 기다려야 되냐는 손님들의 물음에 정확하게 답해드리지 못했습니다. 마음이 급한 분들은 여러 번 본인 차례를 확인하러 오셨고요. 저 역시 순서가 된 분들을 부르며 찾아다니다 보니, 홀에서의 서비스에 집중하기가 어려웠습니다. 점차 요령이 생기면서 조금 나아지기는 했지만, 종일 어수선함 속에서 마감한 날도 많았습니다.

그러던 2017년 당시 카카오톡 기반으로는 국내에서 처음 개발된 대기 시스템을 도입했습니다. 손님이 태블릿에 연락처를 입력하면 매장 앞에 줄을 서지 않고도 자신의 차례를 알 수 있게 하는 관리 서비스였습니다. 그제야 기다리는 시간을 온전히 손님의 시간으로 만들어드릴 수 있었습니다. 수집된 데이터로 대기 예상 시간을 산출해 바로바로 알려드리는 이 시스템 덕분에 무작정 기다리지 않아도 되었습니다. 손님들은 대기 시간이 실제보다 더 짧게 느껴진다고 하셨고, 저희 역시 대기 손님을 관리하느라 허둥지둥하던 시간도 줄었습니다. 이 변화가 식당에 대한 신뢰와 음식에 대한 기대감을 높인 것은 물론이었습니다.

'태풍에도 줄 서는 집'이라고 불릴 만큼 기다리시는 손님들을 매일 보다 보니, 자연스레 손님이 기다림을 감수하고 줄 서는 식당을 찾는 이유는 무엇인지에 관해 생각해볼 기회가 많았습니다. 이는 사람들과 함께 음식을 먹는다는 것의 의미는 무엇인지에 관한 생각으로 이어졌고요. 저는 유대감을 떠올릴 수 있었습니다. 함께 먹는 행위는 사람 사이의 소통의 일종이고, 음식은 타인과 일체감을 느낄 수 있게 하는 매개체라고 생각했지요. 이런 과정 덕분에 손님들은 어떤 경험을 하시기를 원하는지, 그에 따라 저희가 그 시간을 어떤 것들로 채워드려야 할지 조금이나마 알 수 있었습니다.

국숫집에 찾아와주신 손님들은 주위에서 기다리는 다른 손님들과 눈을 맞추며 동질감을 느끼고, 함께 온 사람과 얼굴을 맞대고 음식을 먹으며 맛은 물론, 그 순간의 즐거운 감정을 공유합니다. 심지어는 일면식도 없는 다른 테이블 손님의 이야기에 절로 고개를 끄덕이며 공감하기도 하지요. 이렇듯 타인과 생각과 감정을 공유하고 있음을 알게 되는 것만으로도 벅찬 기분이 듭니다. 이 기분이 이어지도록 설렘과 여유를 지켜드리는 것이 식당이 해야 할 일이겠지요.

오늘도 국숫집에는 행복감을 맛보기 위해 손님들이 기다립니다.

"아빠, 여기 기다려야 된대?"
"맛있는 음식을 먹으려면 기다려야 한단다."

딸에게 얼른 막국수를 먹이고 싶어 하는 아빠의 설레는 표정이 저도 덩달아 좋아서 자꾸 쳐다봅니다.

　　　　　　　　　　　1장 설렘

작은 것만
봅니다

경기도 용인시 수지구 이종무로 157.

내비게이션이 목적지에 도착했음을 알립니다. 손님들이 내리신 곳에서 제 출근도 시작됩니다. 계단을 오르면서 떨어져 있는 휴지를 줍고, 대기실의 테이블과 의자를 정돈합니다. 아직 앞치마를 두르기 전이라 대개는 제가 주인인지 알아채지 못하십니다. 하지만 사용하고 난 종이컵을 걷으러 다니면, '아, 관계자인가 보다.' 하는 눈길로 쳐다봅니다. 때로는 너무 열심히 치우려 한 나머지 아직 다 드시지 않은 메밀차에 손을 대는 실수를 하기도 하지요.

대기실에 마련된 야외 화장실에도 가봅니다. 언제든 안심하고 사용하실 수 있도록 휴지를 넉넉히 채워두고, 휴지통에 버린 휴지가 넘쳐흐르지 않도록 꾹꾹 눌러 담아줍니다. 세면대에서 손도 씻어봅니다. 수도꼭지가 한쪽에 치우쳐 있으면 온수와 냉수 중간 정도로 돌려놓고요. 거품 비누가 모자라지는 않은지 센서에도 손을 대봅니다. 20년 전쯤 일본 여행에서 이 기계를 처음 사용해봤는데, 비누를 사람이 채워 넣는 수고는 생각 못 하고 '손만 대도 자동으로 나오네?' 하며 마냥 신기해했던 게 떠올라 혼자 웃기도 합니다.

밖으로 나오면 주차장 쪽으로 걸음을 옮깁니다. 마당에 담배꽁초나 빈 생수병이 떨어져 있지는 않은지 훑어봅니다. 대개는 쓰레기가 거의 없습니다. 손님들이 깨끗하게 이용해주시는 덕분이지요.

여기까지 살피고 나면 거의 마무리된 것입니다. 입구 쪽에 놓인 대기 시스템 옆에 둔 손 세정제 위치를 바로잡습니다. 오른손으로 입력할 때 불편하시지 않도록 손 세정제를 왼쪽으로 옮겨두는 거지요. 교자상에 먼지가 뽀얗게 앉아 있으면 '이따가 먼지떨이 가져와야지.' 하고 잊지 않으려 중얼거리며 툇마루 끝을 봅니다. 아기 고무신 두 켤레가 놓여 있어요. 한 분 한 분 정성껏 모시겠다고 써둔 메시지를 마음에 다시 새기며 손으로 살짝 잡아 앞코를 맞춥니다.

이렇게 손님의 눈이 되어 모든 동선을 살피는 일은 그리 오래 걸리지는 않습니다. 카운터를 지키는 직원과 반갑게 인사를 나누기까지 5분이면 충분합니다. 매일 손님이 되어보는 경험으로 하루를 시작하는 것은 이제 자연스럽게 몸에 배었습니다. 언뜻 보면 작은 일 같지만, 적어도 손님이 우리 음식을 드셔보시지도 않고 '에이 형편없을 거야.' 미리 판단하는 일은 막을 수 있습니다. 대신 '얼마나 맛있으면 사람들이 이렇게 기다릴까?' 하며 주위를 둘러보시겠지요. 아까 제가 휴지를 주웠으니 바닥은 깨끗할 거고요.

손님의 입장에서 생각해보는 일은 식당 내부에서도 이어집니다. 제일 신경 쓰는 부분은 화장실입니다. 고급 호텔 화장실에 가면 항상 처음 사용하는 것 같은 인상을 받습니다. 심지어 휴지도 새것 같고요. 알고 보니 손님이 한 번 이용할 때마다 바로바로 정리하는 서비스를 시행하고 있더군요. 그 덕분에 여러 손님이 드나들어도 아직 아무도 사용하지 않은 듯한 느낌을 받았던 것이지요.

바쁘다는 이유로 신경 쓰지 않으면 많은 손님이 정돈되지 않은 화장실을 이용하실 테고, 가끔씩 안 좋은 경험을 하실 수

도 있겠지요. 그래서 한 분 한 분 정돈된 화장실을 이용하실 수 있게 늘 복도 앞에서 서성이며 정리할 기회를 엿봅니다.

손님의 입장이 되어보는 일은 뭔가 거창한 것이 아닙니다. 오히려 이렇게 작은 일에 가깝습니다. 수시로 화병의 물을 갈고 줄기 아랫부분을 사선으로 잘라두는 일처럼요. 무심코 바라본 화병에서 누군가 신경 쓰고 있다는 흔적이 느껴진다면 좀 더 아늑하고 즐거운 식사가 될 거예요.

물론 식당에서는 주문받은 음식이 손님에게 정확하게 나가는 것이 가장 중요한 일입니다. 국숫집에서도 음식을 내는 시스템이 유기적으로 돌아가도록 늘 조율합니다. 또 직원들 모두 각자의 자리에서 제 몫을 다하기 위해 총력을 기울이지요. 하지만 그것만으로 최선이라 말하고 싶지 않습니다. 아무리 잘 짜놓은 시스템이라도 그 속에서 자칫 손님이 소외되는 일이 있으면 안 되니까요. 우리 집을 찾아주신 손님이 자신을 그저 수많은 손님 중 한 명일 뿐이라는 느낌을 받게 하고 싶지는 않았습니다. 그리고 아주 작은 일을 하는 데서 그 답을 찾았습니다.

식당에 가서도 정작 음식보다는 디퓨저에 먼지가 쌓여 있거나 바닥에 뭔가 떨어져 있지 않은지 이상하게 작은 것들부터 보게 될 때가 있습니다. 작은 일을 행하는 마음이 어떤 것인지 알기 때문에 그렇겠지요. 손님의 입장이 되어보면, SNS에서 이미 찾아봤던 플레이팅이나 멋들어진 외관보다는 그런 게 더 생생하게 느껴지는 법이거든요. 아무도 신경 쓰지 않을 것 같은 버려진 이쑤시개를 주우러 다니는 일처럼요.

첫 가게를 하던 때가 생각납니다.

가게가 안되는 건 경기 탓으로 돌리던 시절이었지요. 경기가 도와주지 않으니 손님이 눈앞에서 떨어져 나가도 속수무책이었습니다. 게다가 손님 입장에서 가게를 본 적이 없다 보니, 수년간 운영을 했는데도 기억나는 손님이 별로 없었습니다. 우리가 기억하는 손님이 없는데 손님이라고 우리 가게를 기억해줄 리가 없다는 걸 그때는 미처 몰랐었지요. 이제야 그 이유를 깨달았습니다.

지금은 많은 분이 국숫집을 기억해주고 계십니다. 제가 먼저 손님들을 기억하기 때문이겠지요.

"어엇, 오늘은 아드님네와 같이 오셨네요? 좋으시겠어요."

손님은 작은 것들에 마음이 움직입니다. 작은 것이 모여 결국 손님에게 기억됩니다.

서로 다른 두 사람이
펼치는 운영의 묘

남자는 경제관념이 투철했고 계산과 정리에 뛰어났습니다. 무게, 부피 등 모든 단위를 그램부터 톤, 밀리리터부터 데시리터까지 머릿속으로 재빨리 변환해 값을 산출해냈지요. 한번 정리 정돈을 시작했다 하면 어수선했던 공간도 모델하우스처럼 만들었습니다. 반면 여자는 경제관념은 없었지만, 책 읽기와 음악 듣기를 즐겼습니다. 무엇보다 정이 많아 사람을 좋아했지요.

두 사람은 식성도 달랐습니다. 남자는 고기를 좋아한 반면, 여자는 까딱하면 어부한테 시집가는 게 아닐까 할 정도로 생선회만 찾았습니다. 그런데 둘 다 국수를 엄청나게 좋아한다는 공통점을 발견하고는 만날 때마다 국수를 원 없이 먹다가 부부의 연을 맺었답니다. 그리고 결국 국숫집을 차렸다는 이 야기. 이 이야기는 오래오래 행복하게 살았다는 해피엔딩으로 끝날 수 있을까요?

'대판 싸우다가 망한다.'

열에 아홉이 입을 모아 예상하는 결말입니다. 부부가 함께 식당을 하고 있다고 하면, 측은하게 보시는 분이 많습니다. "쯧쯧, 힘드시겠어요." 하며 손을 잡아주시는 분도요. 그도 그럴 것이 식당에서 투명인간이 된 것처럼 숨죽이며 식사해본 경험이 있으실 겁니다. 아내는 주방에서 씩씩거리고 남편은 뭔가 잘못했는지 어깨를 움츠리고 있다가 갑자기 "아이씨, 그만 좀 하라고, 그만 좀!" 하면서 앞치마를 확 벗어던지는 장면. 그럴 때는 다들 속으로 '우리 부부가 함께 식당을 하지 않아서 얼마나 다행인가.' 하고 생각하실 거예요.

저희도 힘들 때가 있었습니다. 같은 공간에 있다는 사실이 가장 힘들더라고요. 부부가 한 공간에 머무는 건 당연한 것처럼 보이지만, 같이 일을 하다 보면 그 당연함이 깨지고 서로

부딪칩니다.

　사실 식당에서 손님의 눈에 보이지 않는 부분은 전쟁터와 마찬가지입니다. 주문 하나만 실수해도 흐름이 꼬일 수 있다 보니, 신경은 예민해지고 말은 점점 더 짧고 간단해지지요. 남편과 아내가 서로를 아랫사람 대하듯 지시하는 경우, '장사로 성공하겠다'는 원대한 목표를 아무리 되새겨도 다 집어던지고 집에 가고 싶어집니다. 특히 '이렇게 해!' '저렇게 해!'라는 식의 말이 오고갈 때쯤에는 '언다 대고 명령이야?' 하고 자신도 모르게 반발심이 솟구칩니다.

　그래서 저희는 각자의 영역을 더 철저히 나누기로 했습니다. 처음 같이 일을 시작하는 부부는 주방에 들어가면 홀에 있는 배우자가 못 미덥고, 홀을 맡은 사람은 주방이 못 미더워 자꾸만 영역을 침범합니다. 말로도 침범하고요. 성질 급한 사람은 사사건건 주방에서 홀로, 홀에서 주방으로 뛰쳐나오기도 하지요.

　영역을 나눈다는 의미는 각자의 일을 주도적으로 할 수 있게끔 믿어주는 것입니다. 철저히 나누면 견제나 감시의 역할도 객관적으로 할 수 있더라고요. 그러다 보니 말도 길어졌습니다. "이건 안 돼"가 아니라 "이렇게 하는 건 어때?"로, "이거 잘못 나갔어"가 아니라 "7번 테이블 주문 다시 봐주세요. 잘

못 나간 것 같은데?"로요. 식당에서 부부끼리의 대화는 몇 음절만 길게 해도 싸울 일이 줄어듭니다.

부부는 사실 자신이 그러한 것만큼 서로의 단점을 잘 알고 있습니다. 그런데 배우자가 이를 굳이 지적하면 화부터 내기 쉽지요. 장점은 어떤가요? 배우자가 내 칭찬을 해주면 더 잘하고 싶어지고, 선물처럼 조금씩 상대에게 안겨주고 싶지요. 인정하기 어려운 단점보다는 서로의 장점을 최대한 활용하는 것이 바로 우리 부부가 해온 일이었습니다.

남편은 정확하고 꼼꼼한 성격으로 재료 하나를 손질하더라도 정교하게 했고, 저는 특유의 친화력으로 음식을 앞에 둔 손님의 입뿐만 아니라 마음까지 활짝 열게 해드렸습니다. 상대방의 장점을 인정해주려고 애쓰다 보니 잘하는 건 더욱 잘하게 되었고, 어느덧 서로의 다른 점이 시너지를 내었습니다. 어른들 말씀처럼 결혼은 완벽한 사람들끼리 하는 건 아니더군요. 부족함을 서로 메워가며 삶을 같이 완성해나가는 것이 부부였어요.

물론 부부가 같이 운영하는 식당은 운영 측면에서만 보면 가장 효율적인 분업입니다. 저는 남편이 만드는 막국수를 신뢰하며 남편은 본인의 음식을 가장 잘 아는 제가 손님에게 잘

전달했을 거라 믿습니다. 하지만 그보다 더 큰 가치는 융합이 에요. 서로 분리되었던 긴 하루를 마치고 상봉하는 퇴근길, 저희 부부의 융합은 이때부터입니다.

집에 도착할 때까지 오늘 일하면서 느끼거나 생각했던 것을 허심탄회하게 다 꺼내놓습니다. 그러다 보면 시간이 모자라서 가끔은 노트와 펜을 들고 다시 집을 나섭니다. 바로 저희가 좋아하는 동네 단골 술집으로요. 저는 모둠 생선회를, 남편은 멘치카츠를 주문합니다. 이젠 식성마저 닮아가는지, 다진 소고기로 만든 멘치카츠를 제가 슬금슬금 다 먹어버려서 추가로 주문하기도 하고요.

어느 날은 밤늦게까지 토론이 이어집니다. 사소한 아이디어도 함께 이야기 나누면서 자세하고 깊이 있는 내용으로 정리됩니다. 가끔은 너무 취해서 다음 날 기억이 잘 나지 않기도 하지만 술자리, 아니 회의에서 나온 아이디어는 적잖이 실행되었습니다. 결과가 전부 좋았던 것은 아니지만, 시행착오를 겪으며 개선해나가는 과정 자체가 의미가 컸지요. 물론 실패해도 상대방에게 '내 그럴 줄 알았다'라는 식의 핀잔은 금물이고요. 행여나 의도했던 대로 손님의 좋은 호응으로 되돌아오면 "앗, 그때 우리가 했던 말!" 하면서 뿌듯해합니다.

기쁠 때나 슬플 때나 함께하겠다는 서약처럼,

두 사람의 생각이 합쳐지는 찰나, 그 순간이 이어져 하루가 되고 그 하루가 모여 우리 부부의 삶이 되어갑니다.

식당을 하지 않았더라면 몰랐겠지요. 부부가 같이 식당을 할 수 있어서 다행입니다.

아기막국수 메뉴는 아이를 데리고 국수를 먹으러 온 엄마의 마음에서 나왔습니다. 저도 아이들과 함께 비빔국수를 먹을 때는 매운 양념을 한쪽으로 밀어내고, 양념이 묻은 부분을 물로 헹궈야 했습니다. 아이가 먹을 양만큼 덜어야 할 때는 면이 끊어지지 않고 줄줄 딸려오는 바람에 난감하기도 했지요. 국숫집을 시작할 때 아기막국수를 먹던 딸아이는 어느덧 저와 함께 어른 막국수를 먹습니다. 이제는 같은 국수 맛을 느낀다는 것이 어쩌나 좋은지요.

2장

맞이

화려한
서비스보다
정교한 진심으로

좋은 상권보다 중요한,
찾아오게 만드는 힘

누구든 식당을 하겠다고 하면 제일 먼저 받는 질문은 '무엇을 파는가?'와 같이 메뉴에 관한 것이겠지요. 그 다음 받게 될 질문은 아마 '입지는 좋은가?'일 것입니다. 그 지역에 사는 사람뿐 아니라 출퇴근 등으로 지나다니는 사람이 많은 곳에 식당이 있으면 아무래도 성공할 확률이 높아진다고 하니까요. 주변 상권이 활성화되어 있으면 더할 나위 없을 테고요.

시장의 원리상 누가 봐도 훌륭한 입지라면 권리금을 내서라도 들어가야 할 일입니다. 반대로 누가 봐도 안될 자리라면 월세조차도 깎을 수 있을 겁니다. 그런데 간혹 임대료는커녕 그냥 전세금만 내고 들어가는 일도 있습니다. 놀라시겠지만, 실제 저희 이야기입니다.

용인의 외딴 마을 '고기리'에 자리 잡은 이유는 남편의 한마디 때문이었습니다.

"참 신기해. 여기만 빛이 따뜻하게 비추는 것 같아."

매물을 보러 간 때는 귀가 떨어져 나갈 정도로 추운 겨울이었습니다. 그날 밤, 자리에 누웠는데 '따뜻한 빛'이라는 말이 계속 생각났습니다. 다음 날 바로 계약금 500만 원을 들고 갔습니다. 덜컥 계약하고 보니, 그 자리는 상권은 고사하고 사람이 많이 살지도, 또 찾아오지도 않는 한적한 산골짜기였지요. 원래는 붓과 종이를 파는 화방이었습니다. 상권도 입지도 결코 괜찮다고 할 수 없으니 임대료가 없었던 것입니다. 하지만 당시 가지고 있던 돈으로 식당을 차릴 수 있는 곳은 여기밖에 없었습니다.

처음 식당에 출퇴근할 때는 2시간 이상 걸리는 거리를 대중교통으로 오갔습니다. 분당선을 타고 미금역까지 간 뒤, 1시간에 두 대뿐인 마을버스를 놓칠세라 시간 맞춰 갈아타야 했지요. 어느 날, 버스에 붙은 치과와 안경점 광고가 눈에 띄었습니다. 지하철역부터 고기리유원지를 오가는 버스에 광고판을 붙이면 사람들이 보고 국숫집에 찾아오지 않을까 싶었습니다. '광고 문의'라고 쓰여 있는 번호로 얼른 전화를 했지요.

"거기에 광고하고 싶은데요. 광고비가 얼마나 드나요?"
"60만 원인데 한 달만은 안 되고요, 최소 3개월이나 6개월씩 계약해주셔야 해요."

흔들리는 버스 안에서 수화기 너머로 들려오는 여자의 목소리가 건조하게 느껴졌던 게 기억납니다. 광고를 한 달만 할 수 있다고 했으면 했을지도 모르겠습니다. 속으로만 급하게 60만 원에 3을 곱하고 6을 곱해봤습니다. 결국 망설이다가 광고 효과가 있는지 없는지 물어보지도 못하고 전화를 끊었습니다. 첫 가게를 정리하면서 진 빚을 생각하면 적은 돈이 아니었습니다.
하루는 버스에서 내릴 준비를 하는데, 같이 타고 온 할머니들이 아기 엄마는 어디 가느냐고 물으셨습니다. 찾는 이도 별로 없는 인적 드문 곳에 젊은 여자가 무슨 볼일이 있나 싶으셨겠지요.

"막국숫집 가요. 나중에 드시러 오세요."

그날은 쑥스러워서 위치 설명도 제대로 못 하고 서둘러 내렸습니다만, 나중에는 저 위에 막국수 잘하는 집이 생겼으니 한번 오시라고 천연덕스럽게 먼저 말을 붙이기도 했지요.

그러던 중에 네이버 블로그에 가입하면 가게 홍보를 무료로 올릴 수 있다는 말을 들었습니다. 제일 처음 올린 글이 아직도 생각납니다. 비빔막국수 사진 밑에 '맛있어요. 오세요'라고 덩그러니 달아놓았지요. 둘째 날은 '물막국수도 맛있어요. 수육도 곁들여 드세요'라고 썼지요. 메뉴도 많지 않다 보니, 그다음 날은 식당 밖 풍경 사진을 찍어 올렸습니다. 그러고 나니 더 이상 올릴 이야기가 없었습니다. 당연히 읽어주시는 분도 없으니 왜 블로그를 계속해야 하는지 모르겠더라고요. 그래서 블로그를 개설하고 한동안 그냥 놔두었습니다. 사실 많은 분이 이 단계에서 멈추지 않을까 싶어요.

그런데 가만히 보니 똑같은 국수를 내어가도 그 국수를 먹는 사람들의 반응은 제각각이었습니다. 저마다 다양한 사람의 기호를 읽어 내려가다 보니 거기서 이야기가 생기더라고요. 이거다 싶었습니다. 일방적으로 우리 음식이 맛있다는 주장을 쏟아내는 대신, 상대방이 관심을 가질 '사람들의 이야기'를 풀어내기로 했습니다. 그때부터일 거예요. 블로그에 가치를 담기 시작했던 것이.

사람들의 이야기뿐 아니라 저희 부부의 이야기도 블로그에 담았습니다. 가게를 쉬는 화요일이면 남편과 함께 냉면집이나 다른 국숫집에 갔거든요. 우연히 그곳에서 우리 집에도 오셨던 손님들을 몇 번이나 만났습니다. 그때부터는 우리 집 손님이 가실 만한 식당에 더 열심히 다녔습니다. 그렇게 전국에 있는 막국숫집 100여 군데를 다녔습니다. 그 이야기 역시 블로그에 차곡차곡 쌓였지요.

블로그를 운영하는 데는 저만의 기준이 있었습니다. 무분별한 태그를 달거나 자극적인 요소로 사람을 끌기보다는 시간이 걸리더라도 제 글을 볼 의향이 있는 사람을 하나둘씩 늘려갔습니다. 막국수를 좋아하는 분들과 함께 막국수 이야기를 하는 것이 즐거웠고 그것이 블로그를 하는 이유였습니다.

덕분에 제 글을 읽어주신 분들이 이웃 추가도 해주시고 꾸준히 구독도 해주셨습니다. 국수, 막국수, 냉면 등 공통의 관심사로 검색하신 분은 물론, 본인이 원하는 메뉴, 가격, 분위기 등을 조합해 맛집을 찾아보시던 분, 한 번쯤 들어본 곳이나 후기가 좋은 곳을 둘러보시던 분까지 다양했습니다. 때때로 국숫집에 다녀가신 뒤에 다른 사람과 공유하기 위해 후기를 쓰신 분들도 제 블로그를 발견하고 이웃이 되어주셨습니다. 그렇게 모여주신 분들이 현재 약 9000명, 누적 방문자 수는 420만 명이 넘습니다.

블로그는 단지 온라인상에서 글을 나누는 공간이 아니라, 사람이 모이는 공간이었습니다. 온라인상의 관계는 오프라인을 통해 더 확장되었습니다. 이웃분들은 제가 막국숫집을 한다는 것을 알고 자연스럽게 국숫집에 오시기 시작했고, 국숫집을 찾아주셨던 분들이 온라인 이웃이 되면서 또다시 방문해주셨습니다. 이웃이라고 인사해주시는 분들을 만나면 오래전부터 알고 지낸 사이처럼 친숙하게 느껴졌습니다.

지금 와서 생각해보면 정말 운이 좋았다고 생각합니다. 국숫집을 냈던 그 시점은 스마트폰이 도입되기 시작하고, PC에서 모바일로 전환되던 때였으니까요. 인터넷을 손에 쥐고 다닐 수 있다는 것은 온·오프라인의 경계가 무너진다는 것을 의미했습니다. 사람들은 시공간을 지니고 다녔습니다. 덕분에 상권 걱정 없이 사람들에게 가까이 갈 수 있었습니다.

식당을 한다면 누구나 좋은 상권에서 안정적으로 시작하고 싶을 거예요. 좋은 상권은 분명히 존재합니다. 하지만 상권은 수시로 변합니다. 사람이 거의 없던 고기리에도 하루가 다르게 커피숍이 들어서고 있으니까요.

저는 부동산은 전혀 모르는 사람이지만 요즘은 이런 소리도 듣습니다.

"어쩜, 이렇게 공기 좋은 곳에 자리를 잡으셨어요? 손님도 끊이지 않고. 도대체 어떤 안목이 있으시기에."

제게 그런 안목이 있을 리가요. 다만 무언가가 있다면,
손님의 마음으로 이어지는 길을 찾은 덕이겠지요.

메뉴가
이것밖에 없어요?

식당에 가면 무엇부터 보시나요? 자리에 엉덩이를 대기도 전에 제 눈은 이미 테이블 위 혹은 벽에 붙어 있는 메뉴판에 가 있지요. 그런데 메뉴가 수십 가지나 되는 식당이라면 고민이 쉽게 끝나지 않아 사장님에게 묻기도 합니다.

"여기 어떤 게 맛있어요?"
"다 맛있어요."

아, 이 대답은 맛이 다 별로라는 말처럼 들립니다. 사장님께 추천받은 음식은 대개 가장 비싼 메뉴였습니다. '잘 나온다'는 사장님 말을 곧이들으려 해도, 왠지 장삿속에 낚인 것 같아 씁쓸했습니다.

저희 부부의 첫 가게인 이자카야에는 무려 80개 가까운 메뉴가 있었습니다. 꼬치 종류만 해도 수십 개였지요. 남편에게는 원대한 꿈이 있었습니다. 모든 메뉴를 맛있게 내면서도 손님이 원하는 메뉴는 뭐든지 다 준비되는 완벽한 요릿집을 만드는 꿈. 남편은 유학 시절 경험했던 선진화된 음식 문화를 펼쳐 보이고 싶어 했습니다.

결국 신혼집을 얻을 돈으로 압구정동에 가게를 냈습니다. 맞은편엔 고급 백화점이 있었고 밤이면 젊은이들이 로데오거리로 쏟아져 나왔습니다. 경기까지 호황이라 술집은 물론, 늘어선 상점이 새벽까지 불을 밝혔고, 밤새워 먹고 마시는 사람들로 북적였습니다. 꼬치, 생선회, 오코노미야키, 치킨가라아게, 스키야키 등 다양한 요리를 비교적 완성도 있게 내던 남편의 이자카야에는 손님들이 밀려들었습니다.

그런데 메뉴가 워낙 많다 보니, 장을 볼 때마다 구입해야 할 재료의 가짓수가 어마어마했습니다. 대량으로 사지 못해 재료비도 더 들었고, 재고 관리에 드는 비용도 큰 부담이었습니다. 일부 신선하지 않은 것부터 버리고 새로 산다고 하더라도, 그것까지 원가에 반영되는 것이니 가격을 슬금슬금 올리고 싶어지더라고요. 그러다 큰마음 먹고 소주 가격부터 올렸습니다. 계산서를 받아 본 손님들은 예상보다 많이 나온 가격에 놀라기 일쑤였죠.

가장 심각한 문제는 메뉴를 늘릴수록 점점 다른 집과 비슷한 집 중 하나가 되어갔다는 점입니다. 어떤 메뉴를 주문해도 무난하지만, 그렇다고 인상적인 메뉴가 하나도 없는 가게는 경쟁력이 없었습니다. 나중엔 무엇 하나 남는 것 없이 조용히 문을 닫고 말았습니다. 정신을 차려보니 '고기리'라는 낯선 동네에 와 있더군요.

큰 빚을 떠안고 국숫집을 열었을 때도 메뉴에 대한 고민이 깊었습니다. 식당 주인 입장에서는 메뉴를 줄인다는 것은 정말 말로 표현하기 힘든 고통입니다. 때로는 상처를 견뎌야 하고, 대개는 유혹을 뿌리쳐야 하기 때문이지요. 손님들이 무심코 던지는, "메뉴가 이것밖에 없어요? 야, 그냥 다른 데 가자"라는 말은 상처가 되고, "따뜻하게 먹을 수 있는 메뉴 있어요? 어른들이 찬 걸 못 드셔서"라는 말은 유혹이 되었습니다. 팔 수 있는 걸 참고 안 판다는 것은, 당장의 손해를 감수하겠다는 의미입니다. 옆집도 팔고 뒷집도 파는 보통의 메뉴. 심지어 옆집은 비싸고 맛없기까지 한데 말이에요.

국숫집에 두 번째 겨울이 닥쳐왔습니다. 첫 번째 겨울을 손님 없이 난 터라, '이 엄동설한에 누가 막국수를 먹으러 여기까지 올까?' 하는 의문은 거의 확신으로 굳어졌습니다. 뜨끈뜨끈한 떡국이라도 팔고 싶은 마음이 생겼습니다.

누구나 좋아하는 떡국이라면, 겨울에는 막국수를 떠올리지조차 않는 손님도 잡을 수 있을 것만 같았습니다. 텅 빈 국숫집 방바닥에 남편과 둘이 마주 앉아 메밀 대신 가래떡을 넣고 끓인 떡국을 먹어봤습니다. 고개를 갸웃하는 남편 앞에서 일단 뭐라도 팔고 싶었던 저는 "너무 맛있다"를 연발했습니다.

쉽게 결정을 내리지 못한 채 며칠이 지났습니다. 수도가 터지고, 국수를 헹구는 남편의 손이 벌겋게 부르틀 정도로 추위가 매서운 날이었지요. 그런데 여름에도 오셨던 손님들이 그날도 어김없이 물막국수를 주문하시는 게 아니겠습니까. 그 순간 머리를 한 대 얻어맞은 것 같은 느낌이 들었습니다. 한겨울에도 물막국수를 찾는 손님께, 따뜻한 떡국도 있으니 이것도 드셔보시라고는 도저히 말하지 못할 것 같은 거예요.

'저 손님은 겨울에도 우리 식당에 올 수밖에 없는 이유가

있으시구나. 그렇다면 그것이 우리 식당의 존재 이유가 아닐까? 왜냐면 우리는 막국숫집이니까.'

이런 깨달음을 얻고 나서부터는 흔들리지 않고 막국수만 팔았습니다.

모르긴 몰라도 떡국도 팔고 막국수도 같이 파는 집보다는 아마도 맛은 점점 좋아졌을 겁니다. 단일 메뉴를 선택하여 기본에 집중하는 만큼 성과도 따랐습니다. 매일 막국수를 만들고 맛을 개선해나갔습니다. 같은 작업을 반복하는 것처럼 보여도 매 순간 발전하고 있음을 조금씩 알게 되는 시간이었습니다.

맛이 좋아지니 자연스레 손님도 많아졌습니다. 그러면서 음식 맛이 더 빠르게 나아지는 선순환이 일어났지요. 하루 100그릇을 낼 때와 500그릇, 800그릇을 낼 때의 음식은 같은 국수라도 절대 같다고 말할 수 없습니다. 작은 국숫집이 하루에 30회전에 이르는 동안 기술이 숙달되고 질적 향상이 이루어진 것은 당연한 일이었습니다.

한 가지 메뉴를 고집한 소신이 손님들에게 받아들여지자 놀라운 일들이 벌어지기 시작했습니다. 저희 막국수를 드셔본 손님이 취향 비슷한 분들을 데리고 다시 오셨습니다. 그렇게 서서히 손님층이 두터워지기 시작했지요.

'윤정아, 아무리 생각해도 떡국은 아닌 것 같아'라고 말하며 면솥 앞에서 버텨주었던 남편에게 창피하고도 고맙습니다.

그땐 막국수도 몇 그릇 못 팔고 터덜터덜 집에 갈 때였으니까요.

대부분의 식당이 손님들이 찾는다는 이유로 맥락 없이 계속 메뉴를 늘립니다. 대개는 감당하기 힘들어지지요. 그런데도 식당 사장님이 메뉴를 늘리는 건 두 가지 마음 때문일 거예요. 첫 번째는 배려하는 마음입니다. "막국수는 애들 먹기 매우니까 어린이 돈가스 같은 메뉴가 있었으면 좋겠어요"라는 손님의 말만 듣는 것이지요. 손님의 말에 그렇겠구나 싶어 어렵게 메뉴를 준비해놓으면 그 손님은 오시지 않습니다. 왜냐하면 돈가스 전문점으로 가셨을 테니까요.

두 번째 마음은 불안감입니다. 장사가 처음인 사장님은 물론이거니와 오래 해오신 분들도 마찬가지일 거예요. 한두 가지의 메뉴로 식당을 시작한다는 건 다리가 후들후들 떨리는 일이지요. 여러 가지 메뉴를 준비해놓으면 일단 본인의 마음이 편해집니다. 어떤 주문도 다 받아낼 수 있으면 적어도 다른 식당으로 가는 손님은 막을 수 있을 것 같고요. 하지만 벽면을

2장 맞이

가득 채운 수십 가지의 메뉴 때문에, 외려 손님들이 불안해집니다. '사골 칼국수도 파는데 부대찌개라…. 메밀막국수까지 파네? 음식 맛이 괜찮을까?' 하고요.

많은 손님의 사랑을 받고 싶었습니다. 결국 해답은 메뉴판이었습니다.

저희는 그것을 들여다보고 또 들여다보았습니다. 주인이 받고 싶은 가격, 주인이 만들고 싶은 메뉴가 아니라 어떻게 하면 손님들이 흔쾌히 내고 싶은 가격으로 손님들이 사랑해마지 않는 메뉴를 넣을 수 있을지 손님 입장에서 생각했습니다. 국숫집의 간결한 메뉴판에는 가격만 있는 게 아니에요. 사실 제가 말하고 싶은 말들이 가득 들어있지요.

더하고 싶은 마음을 버리고 뺄수록 저희는 더 풍성해졌습니다.

계절이 바뀔 때마다 조금씩 선보이던 메뉴는 이젠 시도도 못 할 정도로, 손님들이 줄을 잇고 있습니다. 만약에 국숫집이 여러 손님을 위한다는 명목으로 메뉴를 늘리고, 위기가 닥칠 때마다 그 순간을 모면하기 위해 유행을 따라가기에 급급했다면, 지금의 모습과는 많이 달랐을 거예요.

물론 국숫집에는 뜬금없이 다른 메뉴를 찾는 손님들도 여전히 계십니다.

"아니 여기 메뉴가 이것밖에 없어요? 이게 다예요?"

그러면 옆에 같이 온 일행이 툭 칩니다.

"쉿! 여긴 수육, 막국수 딱 두 가지밖에 없어. 유명한 막국숫집이라니까. 막국수나 얼른 고르라고."

역지사지를
담은 메뉴

"이게 사리예요?"

국숫집에서는 오늘도 손님들의 탄성이 터집니다.

'사리'의 뜻을 사전에서 찾아보면 '국수, 새끼, 실 따위를 동그랗게 포개어 감은 뭉치'라고 나옵니다. 그런데 길고 가는 것만 사리가 아닙니다. 요즘에는 '사리'라는 말로 음식에 더해 먹는 여러 가지 재료를 통칭하지요. 국수사리는 물론이고 만두, 달걀, 고구마, 떡 등 종류가 정말 다양합니다. 순대나 햄, 치즈 사리도 빼놓을 수 없고요.

사람들은 사리를 주문하면서 양을 채우거나 여러 가지 중에 골라 먹으며 맛에 변화를 줍니다. 사리가 지닌 원래의 뜻보다 추가나 선택의 의미가 강조되어온 것은 음식을 먹는 만족감과 연관이 있지 않을까요. 제 경험만 돌아봐도, 사리를 주문할 때는 음식이 맛있어서든 양이 모자라서든 더 먹고 싶다는 마음이 들기 때문이지요. 반쯤 먹다가 색다른 맛을 보고 싶기도 하겠고요. 먹는 즐거움을 사리로 더하는 것이지요.

딸아이와 집 근처 냉면집에 갔을 때의 일입니다. 냉면집에서는 으레, 물냉면을 시키면 비빔냉면도 맛보고 싶고, 비빔냉면을 먹다 보면 물냉면도 궁금해지지요. 그곳은 비빔냉면이 유명한 곳이라 비빔으로 두 그릇을 시켰는데, 육수를 들이켜던 아이가 물냉면을 먹겠다고 했습니다. 얼른 물사리를 추가로 주문했는데, 물냉면을 시켜야 물사리가 나온다는 답이 돌아왔지요.

막국수가 더 먹고 싶어 사리를 주문했는데 말 그대로 사리만 덜렁 담겨 나오는 경우도 있습니다. 그러면 먹던 그릇에 사리를 부어야 하는데, 육수가 반쯤 남아 있고 무김치가 떠다니기도 해서 난감할 때가 많지요. 그렇게 해서 먹으면 확실히 맛도 더 떨어지고요. 거기에 사리의 양까지 적다면 더욱 난감해집니다.

이런 경험을 몇 번 하다 보면, 원래 메뉴보다 사리의 가격부터 보게 될 때도 있습니다. 양이 조금 부족해도 그냥 거기까지만 먹고 말지, 사리를 시킬지 망설입니다. 사리라고 해도 메밀을 반죽해서 면을 뽑는 정성이 똑같이 들어가니까 이해가 되기도 하는 한편, 아쉬움은 남았습니다.

사리를 더 시켜 먹고 싶은 걸 참고 나와서 커피숍에 들렀습니다. 추가 요금을 내면 리필이 된다기에 아이스 아메리카노 한 잔을 마시고 리필을 부탁했습니다. 그런데 또 리필은 뜨거운 아메리카노로만 된다는 거예요. 아, 그 더운 여름에 뜨거운 커피를 몇 입 마시다가 나왔던 기억이 납니다.

국숫집에도 사리 메뉴가 있습니다. 사리 주문을 받을 때마다 주방에서는 신이 납니다. 사리를 시킨다는 것은 대개 주문한 음식이 만족스러웠다는 뜻이니까요. 우리 음식이 맛있어서 더 드시고 싶어 하는 손님에게 무엇을 해드릴 수 있을까 고민했습니다. 사리를 주문해서 만족감이 커지기는커녕 마이너스가 되어서는 안 되겠더라고요. 제가 손님이었을 때를 돌아보니, 문제는 순간순간 불편했던 감정이었어요. 손님이 느낄 수 있는 아쉬움과 망설임을, 만족감과 확신으로 바꾸어드리고 싶었습니다.

그리하여 국숫집 사리의 법칙!

하나, 사리라도 원래의 양과 똑같은 한 그릇이 나갑니다. 사리라고 해도 온전히 드실 수 있도록 양념장을 정확히 계량하여 얹고 육수도 콸콸 부어 나갑니다.

둘, 마음 같아서는 우리 막국수를 더 드시겠다고 하는 고마운 분들께 공짜로 드리고 싶지만, 장사하는 사람이니 값은 받습니다. 다만 사리는 반값만 받습니다.

셋, 다른 막국수 사리도 가능합니다. 들기름막국수를 드셔도 비빔사리를 드실 수 있고, 비빔막국수를 주문하셔도 물사리를 드실 수 있습니다. 물막국수 드시고 또 물사리 드시는 것도 당연히 가능하고요.

국숫집에는 '아기막국수'라는 특별한 메뉴가 하나 더 있습니다. 이 메뉴 역시 제 경험에서 비롯되었습니다. 엄마 손님들은 대개 아기부터 챙겨주고 비로소 본인 몫을 먹는데, 사실 먹을 때도 아이를 챙기느라 정작 자신은 먹는 둥 마는 둥 하지요. 그런데 대부분의 식당에서는 어른들 위주로 메뉴를 만듭니다. 그러니 자신이 먹고 싶은 것보다는 아이가 먹고 싶어 하는 메뉴를 고르거나 아이 몫을 따로 덜어주느라 애쓰는 경우가 많습니다.

하루는 갓난아이 때문에 아예 음식에 손도 못 대고 있는 아이 엄마가 안타까워서, 국수를 다시 내려달라 주방에 요청하고 갖다드린 적도 있습니다. 역시나 제대로 못 드셨지만, 나가실 때의 표정은 누구보다도 행복해 보였습니다. 국수의 맛도 맛이지만 배려해주셔서 감사하다는 말도 전해주셨지요.

아기막국수 메뉴는 아이를 데리고 국수를 먹으러 온 엄마의 마음에서 나왔습니다. 저도 아이들과 함께 비빔국수를 먹을 때는 매운 양념을 한쪽으로 밀어내고, 양념이 묻은 부분을 물로 헹궈야 했습니다. 아이가 먹을 양만큼 덜어야 할 때는 면이 끊어지지 않고 줄줄 딸려오는 바람에 난감하기도 했지요. 국숫집을 시작할 때 아기막국수를 먹던 딸아이는 어느덧 저와 함께 어른 막국수를 먹습니다. 이제는 같은 국수 맛을 느낀다는 것이 어찌나 좋은지요.

아기막국수를 내어갈 때 보면, 칭얼대는 어린 딸을 돌보던 제 고단하고도 젊었던 그 시절이 떠오릅니다. 국숫집 아기막국수는 무료입니다.

다른 사람의 입장이 되어보는 것만큼 그 사람의 마음을 잘 이해하는 방법은 없겠지요.

주인과 손님이 입장을 바꾸어 상대방의 마음을 헤아리는

것, 역지사지는 우리를 관통하는 생각이 되었고, 그 마음을 메뉴에 온전히 담았습니다. 식당에 들어서고 메뉴판을 보며 '여기는 아마도 이럴 것 같다.' 하실 때 따뜻함이 느껴졌으면 좋겠고, 사리 가격을 보시고 그 따뜻함이 한 번 더 전해지면 좋겠어요. 아기막국수 메뉴를 보셨을 때 빙그레 웃음 지을 수 있다면 더욱 좋겠고요.

2장 맞이

식당의 소리는
식당이 만드는 것

언젠가 감기로 고열이 나는 딸아이를 데리고 소아과에 갔습니다. 소아과에는 동화책이 비치되어 있었습니다. 축 처져 있는 딸을 안고 순서를 기다리는데, 기다리는 내내 어떤 엄마가 자기 아이에게 큰 소리로 책을 읽어주는 거예요. 그 순간 저는 처음으로 '동화책 읽는 저 좋은 소리도 어떤 사람에게는 소음이 될 수 있구나'라는 생각을 했습니다. 아이도 아픈데 그 소리가 듣기 힘들어서, 제발 저 집 아이가 빨리 진료받고 먼저 나가주기만을 바랐습니다. 저도 아이 키우는 엄마이고, 다 같이 소중한 아이들인데, 다른 집 아이한테 품었던 착잡했던 마음을 가끔 떠올려볼 때가 있습니다.

국숫집에는 아이를 데리고 오는 손님들이 많습니다. 아이를 키울 때 돌발 상황이 빈번하다는 것은 저도 너무 잘 알지요. 그러니 아이를 데려온 손님들을 볼 때면, 전쟁 같은 준비를 마치고 여기까지 오는 과정이 얼마나 힘들었을까 하는 생각부터 앞섭니다.

그런데 하루는 한 테이블에서 시끄러운 소리가 들려왔습니다. 아이가 휴대전화로 동영상을 틀어놓고 보고 있었습니다. 아이 부모님께 다가가 "동영상은 무음으로 해주세요."하고 부탁드렸습니다. 그러자 손님은 아이에게 "소리 줄여야 한대"라고 이야기했습니다. 그 말에 저는 다시 "아니요. 소리는 꺼주시기를 부탁드립니다." 하고 정중하지만 단호하게 말씀을 드렸습니다.

그제야 손님은 그게 국숫집의 규칙임을 깨닫고 소리를 껐습니다. 아이는 심통 난 목소리로 엄마에게 떼를 쓰더니 안 통하는 것을 알고 바로 저를 보며 말하더군요. "저 아줌마 나빠! 난 저 아줌마 때문에 다시는 여기 안 올 거야!"라고요.

그렇게 작은 소란이 끝나자, 가게는 평상시의 모습을 되찾았습니다. 손님들은 조용히 이야기 나누며 식사를 하셨고, 음악도 은은하게 들려왔지요.

114

제가 손님이었다면, 옆에서 동영상 소리가 나도 어떻게 하는 게 옳은지 판단이 서지 않았을 거예요. 소아과에서 아이를 달래려고 동화책 읽어주는 엄마에게 좀 조용히 해달라고 차마 말할 수 없었던 것처럼요. 아마 공공장소에서 이러면 안 되지 않나 싶다가도, 아이를 돌보느라 다 불은 국수를 먹는 부모를 보면 항의할 생각이 사라졌겠지요. 그래서 '그냥 얼른 먹고 우리가 나가자.' 하고 식사를 빨리 끝내거나 아니면 동영상 소리에 잔뜩 예민해져서 모처럼의 식사를 망쳤다면서 오늘 처음 본 그 아이를 원망했을지도 모릅니다.

물론 동영상을 보여주었을 부모님의 마음도 이해합니다. 식사 도중 아이가 울거나 떼쓰지 않도록 주위에 폐 끼치지 않으려는 마음이겠지요. 혹은 아이가 동영상을 보는 시간만이라도 잠시 쉬고 싶다는 마음이나 그 틈에 식사해두어야겠다는 생각을 왜 이해하지 못하겠습니까. 어쩌면 뷔페나 푸드코트처럼 확 트인 공간에서 식사했던 경험을 떠올렸을지도 모릅니다. 소음이 일정 이상 되는 곳에서는 으레 다들 그러니까요.

국숫집은 갓난아기부터 백 살 가까운 어르신까지 다양한 연령층이 찾는 식당입니다. 식사 예절이나 자녀 교육에서 무엇이 절대로 맞고 틀리는지는 모릅니다. 다만 서로에 대한 예의를 지키는 것이 중요하다는 것은 압니다.

누구나 처한 상황이 다르고 누구도 완벽한 사람은 없습니다. 그러나 우리가 같은 공간에서 함께하는 존재들이라는 사실은 어떤 순간에도 잊지 않아야 합니다. 아이 혹은 노인을 불편해하지 않는 공간, 짜증이 난다고 바로 내치지 않는 공간, 그런 식당이 하고 싶습니다.

그렇기에 국숫집에서 동영상만큼은 무음을 고집합니다. 더구나 누군가에게 소중한 존재이자 훌륭한 어른으로 자라날 아이가 다른 사람들의 눈총을 받는 건 안 될 일이지요. 그런 마음으로 아이에게 "아가, 아줌마 나쁜 사람 아니니 또 오렴." 하고 따뜻한 눈빛을 담아 말했습니다.

직원들도 테이블 정리하는 소리, 그릇 부딪치는 소리, 주문 넣는 소리로 어수선해지지 않도록 각별히 조심하겠습니다.

식당의 소리는 식당이 만드는 거니까요.

여기가
화장실 맞아요?

 "화장실이 어디예요?"

처음 오신 손님이 주변을 두리번거립니다. 저희는 그림이 그려진 문으로 들어가시라고 안내합니다. 손님은 그 문을 지나쳐 복도 끝까지 갔다가 돌아서며 고개를 갸우뚱합니다.

"여기가 화장실 맞아요?"

손님은 그제야 문에 그려져 있는 아기 엄마와 눈이 마주칩니다. 잔잔한 미소를 머금은 엄마 옆에는 이제 갓 두 돌 되었

2장 맞이

을까 싶은 아기도 나란히 서 있습니다. 손님의 표정도 그 그림 속 귀여운 모자처럼 금세 온화해집니다.

　화장실 순서를 기다리면서 그 앞에서 미소 지을 수 있다면 얼마나 좋을까 생각해왔습니다. 시대가 변하면서 공공화장실 은 점점 좋아지는데, 어떤 가게의 화장실은 간혹 불쾌감을 줄 때가 있습니다. 그래서 오래된 식당에 갈 때는 화장실에 대한 걱정이 앞서기도 합니다. 문을 열고 들어서기 전 혹은 닫힌 변 기 뚜껑을 올리기 전에 살짝 두려움을 느끼기도 하고요.
　한번은 정갈하다고 소문 난 한정식집에 갔는데 화장실은 그렇지 않았습니다. 자리로 돌아와서도 비위생적이었던 잔상 은 쉽게 지워지지 않았습니다. 일행에게 혹시 불쾌감을 옮기 게 될까 봐 제 기분을 혼자 삭이느라 속으로 애썼던 기억이 납 니다. 그런 경험을 했던 식당은 다시 가기가 꺼려지더군요.

　화장실의 위생 문제를 중요하게 여기시는 분이 많다는 것 을 잘 압니다. 새집을 설계할 때도 화장실에 대한 고민은 계속 되었지요. 작은 부분이라도 놓칠세라 얼마나 세세하게 비교하 고 따졌는지 모릅니다.
　단순히 깨끗한 화장실을 짓는 것을 넘어, 식당 화장실이 지닌 고정관념을 깨보고 싶었습니다. '식당 화장실이라도 집에 있는 화장실처럼 편안한 공간이 될 수는 없을까?' 하는 생각은 언젠가 외국 휴양지에서 봤던 건식 화장실을 떠올리게 했지요.

"식당에 그런 화장실이 웬 말이니?" "얼마 안 가서 포기할걸? 결국 물 뿌려서 박박 청소해야 해." 결정하기 어려웠던 만큼 주위의 우려도 컸습니다.

하지만 건식형 바닥재 공사를 시작으로 꿈꿔왔던 화장실의 모습을 하나씩 갖추어나갔습니다. 휴지걸이 하나도 기성품을 쓰지 않고 원목으로 제작했지요. 언뜻 의식하지 못해도 뭔가 배려받은 듯한 느낌이 손님에게 전해진다면 충분하다고 생각했습니다.

한쪽에는 잡지에서 본 듯한 쪽빛 소파도 들여놓았습니다. 손님들이 잠깐이라도 앉아 흐트러진 매무새를 가다듬을 수 있기를 바랐습니다. 아이를 앉혀놓고 휴대전화도 들여다볼 수 있을 테지요. 수도꼭지는 앤티크한 동색으로 달았습니다. 나이테처럼 홈이 가늘게 파여 그 자체로 결을 만들어내는 세면대, 그 아래에는 물기를 빠르게 흡수하는 규조토 매트를 깔아두었습니다. 살림하다 보면 보기에는 예뻐도 실용성 때문에 선택하지 못하는 아이템이 있게 마련인데, 화장실을 사용하는

분들에게 그런 마음까지 전해지기를 바랐습니다. 좋은 향이 그치지 않도록 싱싱한 꽃과 디퓨저도 놓았습니다.

다들 가지 말라고 말렸던 길에 덜컥 발을 들였으니 이제 해야 할 일은 주방 이상으로 청소에 정성을 기울이는 것뿐이었습니다. 다른 방도는 없었습니다. 그저 수시로 들여다보고 끊임없이 닦고 또 닦았습니다.

지금도 국숫집 화장실은 물기 하나 없이 보송합니다. 저 혼자만의 힘으로는 어려웠을 거예요. 틈만 나면 화장실 들여다보는 일을 기꺼이 하기도 했지만, 자기 집 화장실만큼이나 아껴서 써주신 손님들 덕분에 가능한 일이었습니다.

깨끗한 화장실은 쉽게 더러워지지 않았습니다. 이를 보면 '깨진 유리창의 법칙'이 떠오르기도 합니다. 미국의 한 대학교에서 했던 심리학 실험에서 나온 말입니다. 자동차 두 대의 보닛을 열어둔 채로 주차해놓았는데, 한 대는 앞 유리창을 깨두었고, 다른 한 대는 멀쩡하게 두었습니다. 다음 날 유리창이 깨져 있던 차는 하루 만에 배터리, 타이어, 문짝 등 돈이 될 만한 것들은 다 사라졌고, 일주일이 지난 뒤에는 폐차할 지경에 이르렀습니다. 반면 보닛만 열어두었던 차는 원래의 상태를 유지했지요. 이 실험은 사소한 무질서를 방치하면 매우 심각한 문제로 이어질 수 있다는 이론을 뒷받침하며 큰 설득력을 얻었습니다.

주위 환경이 지저분한 곳에서는 쓰레기를 버려도 된다고 생각하거나 물건이나 시설을 훼손해도 된다고 여기기 쉽습니다. 하지만 관리가 잘되어 있거나 깨끗하게 청소된 곳이라면 함부로 더럽히거나 물품을 망가뜨려서는 안 된다고 생각하는 경우가 많습니다.

작은 일이라고 해서 소홀하게 대응하면 그게 깨진 유리창이 되어 걷잡을 수 없게 됩니다. 평소에 깨끗이 관리한다고 해도 손님 한 분이 겪은 한 번의 불쾌한 경험은 곧 식당에 관한 이미지로 굳어져 결국 식당에 등을 돌리게 하는 원인이 되겠지요.

청결한 화장실은 좋은 식당의 기준입니다. 주방의 청결 못지않게 중요한 것이 화장실의 청결입니다. 손님들은 화장실이 깨끗하지 않으면, 직접 보지 않아도 주방 역시 깨끗하지 않을 거라고 상상하기 때문이지요. 많은 손님이 국숫집이 생각하는 청결의 가치에 공감해주셨습니다.

"여기가 화장실 맞아요?"

오늘도 국숫집에는 화장실을 찾아 헤매는 손님들이 계십니다. 멀리서 인증샷 찍는 소리가 들리면 '아, 찾으셨구나.' 하고 마음을 놓습니다.

집처럼, 아니 집보다 더 편안하게 느끼시기를.

직원을 위하는 일이
곧 손님을 위하는 일

식당을 하며 알고 지내게 된 사장님이 해주신 이야기가 생각납니다. 그분이 운영하는 국숫집은 주중은 물론 일요일에도 닫지 않고, 심지어 브레이크 타임도 없습니다. 그만큼 손님이 몰려서가 아니었습니다. 그저 앉았다 섰다, 창밖을 내다봤다, 주방으로 들어갔다 하며 하염없이 손님을 기다리다가 지쳐서 집으로 돌아가는 게 일과였던 것이지요.

사실 국수 장사라는 것이 밥때라는 게 특별히 없으니, 언제 손님이 올지 모르는 일이기는 합니다. 저도 모처럼 찾아간 식당이 하필 브레이크 타임이라고 했을 때 허탈했던 경험이 있으니, 종일 가게를 열어두는 사장님의 마음이 충분히 이해가

갑니다.

물론 규모가 큰 식당은 효율적인 시스템이 자리 잡고 있을 테고 순번제도 있을 테지요. 오히려 작은 식당일수록 노동 강도가 높은 경우가 많습니다.

매주 화요일마다 국숫집은 문을 닫습니다. 문 여는 날은 하루 한 번 아주 짧은 쉬는 시간을 갖습니다. 면솥의 물을 완전히 비우고 새로 채우는 시간이지요. 브레이크 타임이라 말하기엔 뭣한 이 시간 동안 직원들이 모여 식사합니다. 식사가 끝나면 각자 먹은 접시를 치우고 테이블을 닦지요. 휴대전화에 쌓인 메시지도 확인하고, 화장실도 다녀오고 거울도 봅니다. 이 모든 것이 이루어지는 시간은 30분 정도입니다. 마음이 급한 날에는 20분 만에 마무리하기도 하고요. 쉬는 시간이 다른 식당처럼 일정하지는 않습니다. 손님이 특히 더 밀려드는 날에는 그나마 직원들끼리 마주 보고 식사도 못 하고 주방 뒤에서 돌아가며 먹기도 합니다.

물론 면솥의 물을 가는 것 자체가 손님을 위한 일입니다. 면솥에는 새로운 물이 계속 공급되며 순환되기는 하지만, 이때 완전히 비워내고 맑은 물로 채움으로써 국수 맛을 높여주

지요. 그렇더라도 모든 손님이 이를 선뜻 이해해주시는 것은 아닙니다. 면솥 물 가는 시간이 시작되면 손님 모시기를 멈추고 대기실에서 기다려달라고 요청을 드립니다. 그런데 가끔 식당 안으로 들어와서 기다리겠다고 하시는 분도 계십니다.

직원들이 식사하는 동안 손님을 안으로 모시면 똑같은 30분을 쉬더라도 마음이 급해집니다. 간혹 주문만 먼저 받아달라는 요청도 있겠지요. 직원들은 쫓기듯 밥을 욱여넣고 손님의 음식을 내가려고 준비할 것이 뻔합니다. 이를 잘 알기에, 메밀 반죽 끊어내듯 딱 끊어 그 시간을 지켜내는 것이 사장이 해야 할 역할이라고 생각합니다.

그렇지만 손님에게 이런 규칙을 말씀드리는 방식에 대해서는 고민을 했습니다. SNS를 통해서 면솥 물 가는 시간에 직원들이 식사하는 모습을 보여드리기로 했지요. 남편은 직접 식사를 준비하면서 골든퀸3호 등 좋은 품종의 쌀로 밥을 짓고, 갈비찜, 잡채, 달걀샌드위치 등 다양한 메뉴를 준비합니다. 복날이면 1인당 전복을 두 개씩 넣은 전복삼계탕을 먹기도 하고요. 직원의 식사에도 정성을 들여야 손님에게 좋은 서비스를 해드릴 수 있기 때문이지요.

이제는 안에 빈자리가 났는데 왜 빨리 자리를 안내하지 않느냐고 호통치는 손님이 안 계십니다. 이 시간을 이용해 직원들이 식사한다는 것을 아시기 때문입니다.

흔한 브레이크 타임도 일방적인 시간 통보가 아니라 관계라는 시각으로 접근했더니, 어느덧 국숫집은 내 한 끼가 소중하듯 남의 끼니도 소중히 하는 공간으로 바뀌었습니다.

또 하나 늘 지키는 것이 있습니다. 문 닫는 시간입니다. 저녁 9시에는 가스불도 조명도 다 꺼야 하지요. 그 시간에 닫기 위해서는 오시는 손님을 다 모실 수가 없습니다. 한여름에는 마당에 가득한 손님의 숫자를 파악한 후 일찍 마감합니다. 처음에는 막국수 드시러 멀리서 오셨다는 손님의 이야기를 들으면 마음이 약해졌지요. 하루는 대전에서 올라오셨다는 손님까지만 모시자고 이야기했더니, 펄펄 끓는 면솥 앞에서 남편이 말했습니다.

"손님은 한 번씩 오시는 거지만 우리 직원들은 이게 매일 반복되는 일이야. 더 못 팔아도 오늘은 7시 30분에 마감하자. 그래야 9시에 마칠 수 있어. 직원들 쉬어야 해."

숨이 턱턱 막히는 공간에서 종일 끓어오르는 거대한 육수통, 용광로처럼 뜨거운 김을 뿜어대는 면솥 앞에서 자기 일을 묵묵히 해준 분들, 그리고 매일 수백 명분의 테이블을 끊임없이 차리고 치우느라 애쓴 고마운 사람들의 수고를 생각해봅니다. 아무리 일도 좋고 돈 버는 것도 좋다지만 일하면서 힘든 순간들이 분명히 있었을 테지요. 저희가 해드릴 수 있는 일은 매일 정해진 시간에 퇴근할 수 있게 하는 것입니다. 국숫집은 야근 없이 칼퇴근하는 식당입니다.

"어쩜, 가게가 이렇게 바쁜데 직원들이 다 친절해요?"

직원을 위해야 음식 준비가 잘되고,
음식 준비가 잘되어야 손님에게 맛있는 국수를 드릴 수 있습니다.
이 모든 것이 결국 손님을 위하는 길임을 믿어요.

2장 맞이

사소한 곳에서
묻어나는 위생

시장한 퇴근길, 순댓국 한 그릇을 다 비웠습니다. 나갈 채비를 하는데 직원이 성큼 다가왔습니다. 손에 든 부직포로 만든 청록색 행주가 눈에 띄었지요. 언제부터인지 청록색, 노란색, 분홍색 등 유색 행주로 테이블을 정리하는 모습이 익숙해졌어요.

양은솥에 행주를 삶아 쓰던 때와는 무척 대조적입니다. 1970년대에는 빨랫비누에서 가루비누로 빨래 문화를 바꾼, '하이타이'라는 세제가 없는 집이 없었지요. 엄마는 세제를 넣고 한 솥 가득 행주를 삶으시고, 세제 냄새가 온 집 안에 퍼질 즈음에야 솥을 내려놓으셨습니다. 그러고는 일일이 찬물에 헹

귀 널었는데, 햇볕 좋은 날에는 빨랫줄에 걸린 하얀 행주가 눈이 부실 정도였습니다.

요즘에야 세탁기만으로 삶기부터 건조까지 다 되지만, 그때만 해도 이삼일에 한 번씩은 꼭 행주를 삶고 말려야 했지요. 반듯하게 접혀 차곡차곡 쌓인 행주만 봐도 엄마가 주방은 물론 조리 과정까지 얼마나 깨끗하게 관리하시는지 알 수 있었습니다. 부모님이 '밖에서 음식 사서 먹지 마라.' 하시던 시절이었습니다. 여름철이면 늘 식중독 사고가 있었으니까요.

식당의 일이란 차리고 치우는 일의 끝없는 반복이기도 합니다. 손님이 들어오면 자리를 안내하고 주문을 받아 음식을 내고, 다 드시고 가면 다음 손님을 위해 테이블을 처음처럼 정리해두지요. 이는 시작하는 순간부터 마치는 시간까지 되풀이됩니다. 그리고 마무리는 늘 '행주'였습니다.

행주는 손님이 안 보고 싶어도 계속 볼 수밖에 없는, 식당을 대표하는 소품입니다. 정리 중인 테이블 위에 널브러져 있거나 이미 사용된 채로 주방에 대충 쌓여 있는 것을 봤다면 그 잔상이 음식을 먹는 도중에 불쑥 튀어나오기도 하지요. 음식을 먹는 데서 즐거움을 느끼려면 안전이 전제되어야 합니다. 심리학자 매슬로의 욕구이론에 의하면 위생과 건강과 같은 안

전의 욕구가 채워져야 비로소 정서적 교류와 같은 애정과 소속의 욕구를 지향합니다. 아무렇게나 던져진 행주를 보면서 음식이 깨끗하다는 것을 믿거나 즐겁게 식사하기는 힘든 일이겠지요.

식당의 청결은 음식 자체에서는 잘 느껴지지 않습니다. 손님들은 행주나 수저, 물통, 냅킨을 보면서 위생 상태를 가늠해 보지요. 혹은 언뜻 보이는 조리대나 한쪽에 쌓아둔 식자재를 보면서 상상할 때가 많습니다. 그렇다면 손님을 안심시키고, 청결하다는 것을 은연중에 알려드리기 위해 행주처럼 사소한 데서부터 위생을 신경 써야겠다고 생각했습니다.

처음에는 색깔 있는 행주를 선택할까도 고민했습니다. 비교적 오염이 눈에 잘 띄지 않고, 면이 아니라서 금방 마르니까 그만큼 노동시간이 단축될 테고요. 식당에서 시간이라는 것은 곧 비용이니까 그 효율성을 모르는 바 아닙니다.

그러다가 엄마의 새하얀 면 행주가 생각났습니다. 어릴 적 저처럼, 손님들도 '이런 식당에서 만드는 음식이라면 믿고 먹을 수 있겠다'는 인상을 받으시기를 바랐습니다.

국숫집은 첫날부터 하얀 행주를 썼습니다. 남편과 둘이서 일을 마치면 그날 쓴 행주를 다 집으로 가져왔습니다. 밤새 행주를 삶고 말린 뒤 아침에 잘 개서 쇼핑백에 차곡차곡 담아올 때는 알아주는 사람이 없대도 저희끼리 뿌듯했습니다. 몇 년 전부터는 삶기에 건조까지 되는 세탁기가 생겨 작업이 한결 수월해졌습니다. 행주는 소모품이니, 조금이라도 닳은 듯 보이면 바로 기쁜 마음으로 100장씩 주문했고요. 해지도록 쓴 행주를 보면 손님이 우리 국수를 드시고 간 것에 대한 고마움은 물론 직원들의 수고와 정성이 느껴졌습니다.

국숫집의 대표 소품인 하얀 면 행주는 코로나19를 겪으면서 일회용 행주로 진화했습니다. 손님들을 안심시키고, 스스로 청결하겠다는 다짐을 굳건히 하기 위해서입니다. 물론 여전히 흰색입니다.

국숫집에는 위생을 위해 특별히 마음을 쓰는 부분이 하나 더 있습니다.

바로 '김치는 아주 적은 양이라도 항상 새 접시에 나간다'는 원칙입니다. 어떤 분들에게는 너무나 당연한 말이겠지만, 가끔 손님들 반응을 보면 아직 그리 당연한 일은 아닌가 싶기도 합니다.

김치를 더 요청하면서 무심코 드시던 접시를 내미는 손님이 간혹 있습니다. 먹던 접시를 받아 가서 모자란 반찬을 가져다주는 다른 식당 문화에 익숙해서 혹은 설거짓거리가 늘어나지 않도록 배려하려는 것이겠지요. 하지만 이미 사용한 접시에 새 김치를 덜어드리면, 그릇에 묻은 양념이나 국물로 인해 여러 가지 원치 않는 상황이 벌어질 수 있습니다.

아직 많은 식당에서 테이블 위에 각자 덜어 먹도록 공용 김치통을 둡니다. 손님들이 뚜껑을 열 때마다 김치 양념은 점점 말라가고, 어떨 때는 아예 열려 있기까지 합니다. 거기다가 식사 중에는 이야기를 하거나 재채기를 하는 일도 빈번합니다. 부족함 없이 편하게 드시라는 사장님의 선의가 무색하게, 위생상 좋지 않은 결과를 가져와 안타까울 때가 있습니다.

가끔 바쁘다는 핑계를 대고 싶어질 때면 처음에 식당을 하고자 했던 마음을 생각합니다. 좋은 음식에 대해 고민하다 보니, 오래도록 안정적으로 가야 하고, 안정적으로 가려면 위생에 관한 부분은 더욱 철저해질 수밖에 없다는 그 마음 말이죠.

완벽이라는 말은 공허하게 들리지만, 완벽함은 결국 사소한 부분에서 나온다고 생각합니다. 국숫집은 사소한 일을 완벽하게 하고자 계속 노력하고 있습니다.

당연하게 해왔던 일을 코로나19 시대를 맞아 하나하나 더 깊이 생각하게 됩니다.

　당연하게 여기다가 혹시 놓친 건 없을까 오늘도 손님의 건 강까지 살핍니다.

단체보다
한 사람

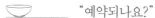 "예약되나요?"

예약을 문의하시는 손님에게는 따로 예약을 받지 않고, 오시는 순서대로 모신다고 안내합니다. 그런데 어떤 분들은 '단체인데도 예약이 안 되느냐'고 다시 한번 물으십니다.

식당에서 한 번에 안정적으로 많은 인원의 예약을 받는 것은 무척이나 매력적인 제안이지요. 하지만 한 번에 열 분, 스무 분씩 당장의 매출을 올리는 것보다 한 번 오신 분이 열 번, 스무 번 찾아주시는 것이 저희에겐 더 소중합니다. 그 한 분이 느끼실 만족감은 단체 손님으로 오셨을 때의 만족감보다 훨씬 크다는 것을 알고 있으니까요.

단체 예약을 받으면 단번에 매출도 확 오르고 음식도 예상해서 준비해둘 수 있으니 일거양득이라는 것은 어렵지 않게 계산할 수 있습니다. 하지만 여덟 테이블로 시작한 우리 가게가 단체 한 팀으로 거의 다 찬다면 소규모로 오신 분들은 불편한 점이 많겠다는 생각이 들었습니다.

친구와 한 음식점에 갔을 때 단체 모임이 한창인 테이블 옆에 앉게 되었습니다. 소란스럽기도 하고 흥이 넘치는 분위기에 압도당해 음식에 집중할 수가 없었지요. 둘뿐이라서 그런지 직원을 불러도 잘 오지 않는 것 같고 왠지 주인에게 대우를 못 받는 듯한 느낌도 들었고요.

단체 손님이 한 번에 찾아주시는 것도 근사한 일이지만, 단 한 명의 손님에게 정성을 다한다면 그분이 한 번 이상 다시 찾아주실 것이고 그게 국숫집이 오래갈 수 있는 힘이라고 마음을 다잡았습니다.

한 분의 손님에게 정성을 다한다는 것은 '식당은 친절해야 한다'와는 조금 다른 이야기입니다. 물론 친절해야 하지요. 매장에 들어설 때 들려오는 '안녕하세요, ○○○입니다! 필요한 게 있으시면 말씀해주세요'라는 직원의 인사말은 나무랄

데 없지만, 누구를 향한 것인지 몰라 어쩐지 공허하게 느껴집니다. '할인이나 적립 카드 있으신가요? 영수증 드릴까요?' 등 손님이 혜택을 빠뜨렸을까 봐 할인이며 포인트며 다 챙겨주는 것 같은데도 정작 나를 위해 챙겨준다는 느낌은 없습니다. 카운터 앞에서 그런 느낌이 드는 건 제 앞에 선 손님과 저, 그리고 제 뒤에 선 손님도 똑같은 대화를 하게 될 것을 알기 때문이겠지요.

왜 충분히 친절하게 느껴지지 않을까, 손님을 친절하게 대하는 이유를 되새겨보게 됩니다. 바로 수많은 가게 중에서 우리 가게를 선택해주고 우리 음식을 좋아해준 데 대한 감사의 마음을 표현하려는 것일 테지요. 그런데 마음은 익명으로 전해지는 것이 아니더군요.

온라인상에서 사람들과 이런저런 이야기를 나눌 때를 떠올려봅니다. 제 글에 남겨주신 댓글을 읽거나 다른 분의 글에 댓글을 쓰면서 서로의 소소한 일상과 안부를 나누는 일은 큰 기쁨이지요.

그런데 '감사합니다'라는 글자에도 표정이 들어 있더군요. 어떤 '감사합니다'는 진짜 감사함으로 느껴지고, 가끔은 감사하지 않은데 감사해하는 것처럼 느껴지는 경우도 있었지요.

대개는 상대방이 누구든지 상관없이 써 내려가는 의무적인 글자들이 그렇더라고요.

계속 보다 보니, 그 사람과 바로 옆에서 대화하는 것처럼 그 뉘앙스까지 느껴졌습니다. 성의 없는 감사나 귀찮은 감사부터 코끝이 찡해오는 진짜 감사까지 말이지요. 때로는 어떤 분이 제게 남긴 댓글을 보고 좋아했다가 갑자기 기분이 상한 적도 있었습니다. 그분이 저한테만 해준 말이었다고 생각했는데 다른 사람에게도 똑같은 댓글을 토씨 하나 안 틀리고 쓴 것을 본 순간이었습니다.

사람을 대할 때 가장 중요한 것은 지금 내 앞에 있는 이 사람이 세상에 유일한 단 한 사람이라는 것을 잊지 않는 마음이었습니다. 댓글 하나를 쓸 때도, 손님을 대할 때도 오직 그분에게만 전할 수 있는 마음을 표현해야 그 마음이 가닿을 수 있었습니다. 어렵고 복잡한 게 아니라 단 몇 초면 되었습니다. 진심으로 그분을 떠올려보면 같은 감사라도 다 다르게 흘러나왔습니다.

카운터에서 손님을 배웅할 때, 손님의 신용카드를 받으면서도 눈으로는 새로 들어오시는 다른 손님을 좇으면, 그 손님과 교감할 기회를 영영 놓치게 되더라고요. 생각을 바로잡은 뒤에는 그 기회를 놓치지 않으려고 애썼습니다. 카운터에서는 마치 오늘 그 손님께 감사 인사를 드리기 위해 태어난 사람처럼 배웅합니다.

오늘도 한 분 한 분 어떻게 하면 손님들을 다르게 모실까 생각합니다. 다르게 모시는 게 목적이 아니라 손님을 떠올리면 저절로 다른 응대가 된다는 사실을 깨달았거든요.

가끔 손님이 "사장님, 국숫집 다니시다가 막국숫집을 차리셨다던데, 어디가 제일 맛있으셨어요?"라고 물어봐주시면 순간 신이 나서 다른 집 이야기를 줄줄 늘어놓습니다. 국수를 좋아하신다면 다 우리 손님이시고, 앞으로도 우리 집에 와주실 테니까 마음을 다해 추천해드립니다. 그러면 뒤에서 차례를 기다리시던 손님들도 귀를 쫑긋 세우시지요.

저는 이런 분위기가 너무 좋아요. 그리고 그 분위기를 느껴보신 분들이라면 꼭 다시 와주실 거예요. 그때도 단 한 사람을 위한 막국수 한 그릇을 내어가겠습니다.

더 많은 사람에게
가는 길

2016년 초, 〈수요미식회〉 출연 제의를 받고 처음에는 겁이 나 망설였습니다. 평소보다 주문량이 월등히 늘어나면 음식 품질을 유지할 수 있을까? 밀려드는 손님에 높아져갈 직원들의 피로도는 어쩌지? 지금도 단골손님이 꾸준히 찾아주시는데 방송에 나가는 것이 맞을까?

고민 끝에 출연을 결심한 것은 대박이 날 거라는 막연한 기대 때문이 아니었어요. 저희에겐 분명한 이유가 있었습니다. 막국수를 많은 사람에게 알릴 수 있겠다고 생각했기 때문이지요. 방송 덕분에 손님들의 관심이 높아지면 전체 시장의 발전에 조금이나마 일조할 수 있고, 이는 결국 매출 신장을 넘어 우리가 하는 일의 자부심을 드높여줄 기회가 될 수 있다고 여겼습니다.

예정된 방영 날짜까지 주어진 시간은 두 달.

손님이 많이 오신다는 것은 더없이 좋은 일처럼 보이지만, 준비가 되어 있지 않으면 손님의 실망과 화를 불러일으키기 쉽습니다. 손님이 오실 상황에 대비해야 했습니다. '손님이 갑자기 밀려들어 바쁘다'라는 말은 손님의 탓으로 돌리는 언어입니다. 손님이 오시는 것은 당연한 일이고, 그 대비는 온전히 저희 몫이라고 생각했습니다.

가장 먼저 한 일은 지금까지 지켜온 원칙을 더 강화하는 것이었습니다. 그저 평소대로 하기로 했습니다. 대기 손님은 밖에서 기다리다가 일행이 다 오셨을 때 순서대로 모셨습니다. 주방에 일정 분량의 주문서가 꽂히면 테이블이 비어 있어도 손님 모시기를 멈췄습니다. 그렇게 주방에서든 홀에서든 감당할 수 있는 최대치에 가장 근접하도록 조금씩 규모를 늘렸습니다. 급작스럽게 손님이 몰린다고 심리적으로 당황해서 품질에 이상이 생기면 안 될 일이었습니다. 저희가 추구하는 맛을 일정하게 낼 수 있도록 집중했습니다.

또 늘어난 손님을 핑계로 재료 준비 과정을 단축하려는 유혹에도 절대 흔들리지 말자고 다짐했습니다. 하루 전에 메밀가루를 빻아두면 시간은 줄겠지만 향을 잃을 것이고, 한꺼번에 수육을 삶아두면 갓 삶아 썰어 내가던 맛과 달라질 것이 자명하니까요.

한편 좌식으로 앉던 자리를 전면 입식 테이블로 교체했습니다. 구들장의 훈기가 주는 아늑한 분위기를 포기한 대신, 직원들이 무릎을 구부렸다 펼 때의 피로만큼은 현저히 줄었지요. 음식이 나가고 테이블이 정리될 때까지의 시간도 대폭 아낄 수 있었고요.

마지막까지 고민했던 건 메뉴였습니다. 녹두전을 메뉴에서 과감하게 뺐습니다. 그렇지 않아도 다들 메뉴가 이것밖에 없냐고 하는데 녹두전까지 빼면 멀리서 오신 손님들이 얼마나 실망하겠냐는 우려도 적지 않았습니다. 하지만 그럴수록 방송에 나갈 때 무엇이 가장 중요한지 우선순위를 매겨보았습니다. 막국수에 더 집중해야만 목표를 향해 갈 수 있다고 생각했습니다. 이렇듯 두 달 동안 일종의 시뮬레이션이 계속되었고, 인력이 모자랄 것에 대비해 직원을 더 투입했습니다. 드디어 2016년 3월 2일, tvN 〈수요미식회〉 '막국수 편'이 방송되었고, 자고 일어나면 '평소대로' 하면 될 일이었습니다.

다음 날, 국숫집 입구에 3개의 팻말을 준비했습니다.

—'1시간 30분 대기' '2시간 대기' '2시간 30분 대기'

멀리서도 보이게끔 대기 예상 시간을 표시했습니다. 저희가 감당할 수 있을 만큼만 손님을 모시는 한편, 손님들도 마음의 준비를 하실 수 있도록요.

두 달간 철저하게 준비한 덕에 질서 있는 모습을 제대로 선보일 수 있었습니다. 이미 그릇, 접시, 젓가락, 컵 등은 평소 사용량의 두 배를 추가 구매해서 원래 쓰던 것처럼 자연스럽게 사용하고 있었고, 수육 주문 시 곁들이는 고추, 마늘, 쌈장도 한 번에 나갈 수 있도록 세팅 방법을 바꾸어 미리 연습해두었습니다. 문의 전화가 빗발칠 것에 대비해 자동 안내 멘트를 추가해서 혹시 전화 응대를 놓치더라도 기본적인 영업 시간, 오시는 길, 휴일 안내가 문자로 전송되도록 조치했습니다.

첫날부터 직원들이 체력적으로나 심리적으로 급히 지치지 않도록 영업 시작과 마감 시간을 지켰습니다. 방송을 기점으로 약 석 달간 손님이 몰렸을 때는 특히 대기 마감을 더 일찍 서둘렀습니다.

손님 대부분은 방송만 보고 처음 오시는 분들이었습니다.

우리가 막국수를 어떻게 보여드리는지에 따라 막국수에 대해 잘 알게 되고 더 관심을 가지시리라고 생각했습니다. 그래서 직원들에게 우리 막국수의 특징이나 먹는 방법을 잘 안내해드리도록 독려했습니다. 더 많은 손님을 받아 경쟁하듯 매출 기록을 세우는 게 아니라, 그 손님 중에 다시 오실 손님을 발견하는 것이 가장 중요했습니다.

두 달간의 준비는, 지금 생각해보면 완벽하진 않았어도 의미가 있었습니다.

이때 쏟아부은 노력은 기존 시스템을 한 단계 뛰어넘는 계기가 되어, 방송 후 연 매출 200% 신장이라는 결과로 돌아왔습니다. 물론 방송이 아니었다면 그런 준비를 할 시도조차 하지 못했을 것입니다. 다만 이런 상승세는 방송이 있던 해에만 그치지 않고 내내 이어져, 2020년에는 2015년 대비 약 450%의 성장률을 기대하게 되었습니다.

손님을 수용할 범위를 정하고 서서히 늘려가며 음식을 낸 결과, 맛은 흔들리지 않았습니다. 재료를 위한 설비 투자를 해둔 덕이 컸습니다. 이즈음 평소보다 몇 배 더 많아질 손님 규모를 고려해 그동안 눈독 들여왔던 메밀 저온 저장고를 처음 설치했습니다. 좋은 재료로 인해 음식은 점점 좋아지고, 매출이 높아질수록 손님에게 원가 비율이 높은 음식을 낼 수 있는 선순환 구조가 확실히 자리를 잡았습니다. 이는 더 많은 사람에게 막국수라는 음식을 적극적으로 알리려던 초심을 유지한 덕분이었습니다. 방송 효과를 반짝 본 뒤 매출이 원래대로 되돌아가거나 떨어지는 사례와는 달리, 손님층이 지역 단위에서 전국 단위로 넓어졌음을 실감했습니다.

철저한 준비로 방송 출연을 무사히 마치고 나니, 이후에도 미디어에 계속 노출되면서 타 방송의 마중물이 되었습니다. 〈모닝와이드〉〈VJ특공대〉〈생방송 오늘 저녁〉〈2TV 생생정보통〉 등 셀 수 없이 많은 프로그램에 출연하고 각종 일간지와 주간지 칼럼에도 소개되었습니다. 블루리본 서베이(한국에서 발행되는 맛집 평가서)에도 6년 연속 등재되었습니다. 특히 일본의 음식전문출판사인 시바타쇼텐에서 펴내는 〈소바우동〉에 고기리막국수가 실렸을 때 우리 식당의 문화가 그 자체로 인정받고, 이웃 나라에까지 알려졌다는 점에서 큰 보람을 느꼈습니다.

방송 출연에는 막국수를 널리 알려 사람들의 인식을 개선하고 시장의 규모를 키우고 싶다는 분명한 이유가 있었지요. 늘어난 손님의 요구에 맞춰 시장 전체가 상향 평준화를 향해

박차를 가하고, 그렇게 서민 음식이라는 이름 아래 발전이 더 뎠던 막국수 시장에 한 단계 발전을 가져올 수 있다면 얼마나 좋을까 늘 생각해왔으니까요.

그런데 좋은 뜻을 세웠던 것과 별개로, 예상치 못한 일이 생겼습니다. 방송에 나온 줄 몰랐거나 방송을 보시고 반가워서 국숫집을 다시 찾은 단골손님들이 서운해하셨거든요.

"잘돼서 좋긴 한데 당분간 못 오겠네! 우리끼리 알던 그때가 좋았는데."

그 말을 듣는 순간, 가슴이 철렁했습니다. 손님들은 그동안 자기 주변의 소중한 사람들에게 국숫집을 알리고 소개하는 것을 기쁨으로 여겨오셨는데, 미처 그 마음을 충분히 헤아려드리지 못했던 것이지요.

그 뒤로 단골손님이 오시면 제가 먼저 마음을 달래드리려고 했습니다. 손님께 다가가 그 마음을 잘 알고 있음을 솔직하게 표현하면, 그제야 마음이 누그러진 손님들이 따뜻한 눈빛과 웃음을 담아 축하한다고 화답해주셨습니다.

제가 건넨 말은 현란한 미사여구는 아니었어요. 그저 "손님이 많아져서 너무 서운하시지요?"라는 공감의 말 한마디였습니다. 오랜 단골손님이 소외된 기분이 들지 않게 손 꼭 붙잡아 드리고자 했습니다. 결국 오래도록 국숫집을 지켜주실 분들은 그분들임을 잘 알고 있었으니까요.

요즘도 문득, 서운함과 기쁨이 한데 담겨 있던 단골손님들의 눈빛을 떠올립니다. 그 눈빛을 잘 기억한다면, 앞으로 오시는 손님 모두와 함께 국수 이야기를 하면서 인연을 계속 이어갈 수 있다고 믿습니다.

2020년 봄, 식객 허영만 님께서 〈백반기행〉 촬영으로 국숫집을 다시 찾아주셨을 때 말씀하셨지요.

"보통 이사하면 맛이 변하는데 이 집은 더 맛있어졌네. 잘될수록 더 숙여. 그럼 더 잘돼."

네, 그 말씀 오래 기억하겠습니다.

이렇게 저는 사람들에게 다정한 말을 배웠습니다. 그리고 그 말을 가르쳐주신 분들을 '손님'이라고 불렀습니다. 어딘가 딱딱하고 거리감이 느껴지는 '고객'이 아니라, 정겨운 '시옷' 발음이 단정한 '니은' 위에 내려앉아 입 속에서 '님'으로 퍼져나가는 말 '손님'. 저는 이분들을 평생 모시기로 했습니다.

3장

사이

손님과
주인의 '관계'가
'사이'가 될 때

신발을
책임져드립니다

"어떡해! 제 신발이 없어졌어요."

식사하고 나왔는데 신발이 없다면 누구나 순간 가슴이 철렁하겠지요. 물론 요즘은 다들 먹고살 만해서 신발 도둑은 거의 없습니다만, 아주 가끔 신발이 없어지는 경우가 있습니다. 그럴 땐 손님도, 주인도 참 속상합니다.

음식점에서 신발을 분실하면 누가 책임져야 할까요? 결론부터 말씀드리면 업주에게 책임이 있습니다. 신발을 벗고 들어가야 하는 식당에서는 '내 신발을 주인이 잘 보관해줄 것'이라고 여기는 묵시적 계약이 있다고 보기 때문이지요. 법적으로는 한국소비자원에서 신발 수명과 사용 일자를 고려해 신발 값을 매기고, 업주의 과실 비율을 따져 적정 금액을 제시하게 되어 있습니다. CCTV가 설치되어 있으면 업주가 노력한 것으로 보고요. 여기서 합의가 안 되면 소송으로 가게 됩니다. 하지만 이런 사실은 대부분 잘 모르실 거예요. 목욕탕이나 음식점 등 어딜 가나 '신발 분실 시 책임지지 않습니다'라고 쓰여 있는 경고문을 봐왔기 때문에, 신발이 없어졌어도 억울함을 참아야만 했던 분도 계시겠지요.

신발을 분실하게 되면 주인과 손님 모두 난감한 상황에 놓입니다. 손님 입장에서는 경고문을 써놓지 않았느냐고 반문하는 주인과 실랑이해야 하거나 한국소비자원에 중재 신청까지 해야 할지도 모른다는 생각에 골치가 아파지겠지요. 대개는 주인이 어떤 태도로 무슨 결정을 할지 긴장하며 기다리게 됩니다. 주인이라고 마음이 편할 리 없습니다. 식당 사장님의 하소연을 들어보면, 신발 없어진 손님은 다들 이렇게 말한다고 합니다.

"이거 몇 번밖에 안 신은 건데."
"아우, 백화점에서 산 거란 말이에요."

"큰일 났네. 우리 딸이 아빠 신으라고 선물로 준 건데. 어디서 샀는지는 몰라."

신발이 없어져서 당혹스러운 마음, 강력한 보상을 요구할지 적당히 합의할지 복잡한 마음, 혹시 안 물어준다고 하면 어쩌나, 신던 것이라고 가격을 후려치면 어쩌나 조마조마한 마음. 한편으로는 지금 큰소리 내지 않으면 자칫 손해 볼지 모른다는 생각이 머릿속을 지나갈지도 모릅니다.

CCTV가 있다면 그나마 상황이 낫습니다. 국숫집에서 첫 분실 사고가 났을 때도, 녹화 영상을 수없이 돌려보았습니다. 그러다 비슷한 시간대에 세 번째 칸에 신발을 넣고 들어왔다가 네 번째 칸의 신발을 신고 간 분을 발견했어요. 이렇게만 보면 참 쉽게 해결될 것 같지요.

카드 회사에 문의해 화면 속 그분께 연락했습니다. 혹시 다른 분의 구두를 신고 가셨는지 조심스레 여쭈니, 본인은 운동화를 신고 오셨다고 했습니다. 아, 우리가 착각할 수도 있는 거니까. 이번에는 그 시간대 카드를 결제한 기록을 넉넉하게 찾아 다시 일곱 분의 손님께 연락을 취했지요. 물론 다 아니었습니다.

이제 카드사와 CCTV로 할 수 있는 일은 다 했습니다. 그렇다면 그분에게 다시 연락해서 '손님이 신발을 바꿔 신고 가는 장면이 CCTV에 찍혀 있다'라고 해야 할까요? 경찰을 불러 대조해야 하나요? 그렇게까지 했는데 진짜 아니었다면요?

바뀐 신발은 존재하는데 어떤 이유에서인지 바꿔 신고 가신 손님은 없는 상황. 처음에는 이럴 때 어떻게 해야 맞는 건지 몰라 텅 빈 신발장만 하염없이 바라봤습니다. 그럴수록 신발 없이 남겨진 손님 얼굴이 자꾸만 어른거렸습니다. 당혹감 가득한 그 눈빛은 말하고 있었습니다. 우리가 찾아야 하는 것은 신발을 바꿔 신고 간 사람이 아니라, 신발을 잃어버린 손님들의 믿음이었습니다.

"손님, 어떻게 되고 있는지 궁금하셨죠? 비슷한 시간대에 식사하신 분들께 연락했습니다. CCTV도 확인해봤고요. 사실은 세 번째 칸에 신발을 넣었던 분이 가실 때는 네 번째 칸에서 꺼내 신고 가시는 것을 봤어요. 그런데 아니라고 하십니다. 만에 하나 정말 그분이 아니면, 서로 너무 상처가 될 것 같아요. 죄송하게도 원래 신고 오셨던 신발을 찾아드리긴 힘들 것 같습니다. 그 대신 저희가 신발값을 부쳐드릴게요. 속상하실 텐데 독촉하지 않고 기다려주셔서 감사해요."

다행히도 손님의 양해 덕분에 큰소리 없이 상황이 마무리 되었지요.

몇 번의 분실 사건이 기억납니다. 어떤 손님은 자신이 신던 신발이니 중고 가격으로 받겠다고 해주셔서 말씀만으로도 감사했지요. 어떤 분은 낡은 신발이지만 소중한 사람에게 받은 거라 크게 상심하셨고요. 새 신발로 사드렸지만, 함께 안타까움을 나누었던 일이 생각납니다. 물론 잃어버린 신발과 똑같은 신발을 당장 구할 수 없어서 화를 내신 손님도 계셨습니다. 그 신발을 구하느라 사방팔방 수소문했는데도 시간이 꽤 걸렸습니다. 다행히 결국 구하게 되어서 마음을 풀어주셨지만요.

'이 식당에서는 무슨 일이 생겨도 주인이 같이 고민해줄 것이고, 책임져줄 것이라는 믿음.' 그 믿음을 손님들 마음에 꾹꾹 심어줄 수 있다면, 신발값은 내드릴 수 있어요.

이런 마음을 지니게 된 데에는 잊지 못할 사연이 있습니다. 어릴 적 살던 동네에 단골 떡볶이집이 있었습니다. 학교가 끝나면 친구들과 늘 그 떡볶이집으로 향했지요. 비좁은 공간에 놓인 테이블 모두 손님으로 차 있으면, 신발을 가지런히 벗어놓고 가게 안쪽에 있던 방으로 들어갔습니다. 사실 거기는 사장님네 살림방이었습니다. 수납장, 화장대, TV가 놓인 공간이었는데, 한쪽 구석에는 손으로 떼어놓은 떡볶이떡이 바구니 가득 담겨 있었지요. 소반 하나 펴놓고 순식간에 떡볶이 한 접시를 다 먹으면, 한 친구는 바구니 안에서 생떡을 슬쩍 가져다가 자작하게 남은 그 국물에 묻혀 먹기도 했습니다.

2000원짜리 신발이 흔하던 그때, 한창 단화가 유행했습니다. 부모님을 졸라 산 5000원짜리 두툼한 단화를 처음 신고 간 그날도 떡볶이집에 들렀습니다. 배부르게 먹고 방을 나서는데 제 단화만 보이지 않았습니다. 친구들 모두 자기 신발을 찾아 신었는데, 남겨진 건 정말 꼬질꼬질한 문방구용 실내화뿐이었습니다. 한참을 문지방에 서서 내려오지 못했습니다. 실내화를 억지로 발에 넣어보니 사이즈도 작아 그 더러운 걸 꺾어 신고는 떡볶이집 문을 나섰습니다. 집에 가서 부모님께 야단맞을 생각까지 하니, 얼굴이 금세 눈물 콧물 범벅이 되었습니다.

그때 떡볶이집 사장님이 앞치마를 두른 채로 저를 따라 나오셨습니다. 그리고 제 손에 5000원짜리 한 장을 쥐여주셨습니다. 떡볶이 300원, 만두 300원, 계란 200원어치 시켜놓고 배부르게 먹던 시절이었습니다. 5000원이라는 돈은 정말 큰돈이었습니다. 감사 인사나 제대로 했는지 모르겠어요. 다만 아무 일도 없었던 듯 다시 떡볶이를 저으러 들어가시던 뒷

모습만 기억납니다. 신발값을 흔쾌히 주신 사장님. 그 뒤로도 '찐단골'이 된 것은 너무 당연한 얘기지만요. 세월이 훌쩍 지나 〈응답하라 1988〉에서 '브라질 떡볶이집'으로 나왔을 때는 지금은 없어진 그 집에 대한 기억이 떠오르면서 반가운 마음을 감출 수가 없었습니다. 역시 방송에 나올 만한 집이지요?

그렇게 저는 다른 사람에게 헤아림을 받았고, 타인을 헤아리는 마음이 사람과 사람 '사이'를 깊게 연결한다는 것을 배웠습니다. 국숫집에서 신발값을 드릴 때는 단지 돈이 아니라 마음을 전해 받으시기를. 그리고 다른 누군가에게로 또 이어질 그 마음이 신발장 앞에서 계속 맴돌기를요.

새로 이사한 국숫집은 신발장에 번호가 붙어 있어 신발을 넣은 곳을 기억하기 쉽습니다. 신발이 없어질 리는 없지만, 만에 하나 "어떡해!" 소리가 들리면요,

국숫집에서는 신발을 책임져드립니다.

컴플레인을 하는
손님도 손님

식당에서 밥을 먹다가 이물질을 발견하면 어떻게 하시나요? 그냥 모른 척 넘어갈 수도 있겠고 직원을 불러서 이야기할 수도 있겠지요. 저는 일행이 어떤 반응을 보이느냐에 따라 달라지는 편입니다. 머리카락이 나왔을 때, 같이 식사하던 상대방이 대수롭지 않아 하면 저도 까다로운 사람으로 보이고 싶지 않으니까 그냥 먹고요, "당장 직원 불러!" 하는 격한 반응을 보이면 용기 내서 손을 번쩍 들기도 합니다.

사람이면 누구나 실수할 수 있다는 것도 알고, 상대방이 사과하면 기꺼이 받아줄 용의도 있습니다. 이런 제가 이렇게까지 눈치를 보게 된 건 아마도 컴플레인을 했을 때 불편했던 경

험이 있어서일 거예요. "음식에서 이게 나왔어요"라고 조심스
럽게 이야기하면 '그게 뭐?' 하는 표정으로 접시를 홱 가져가
며 "8번 거 다시 해줘"라고 주문을 넣는 식당도 있었습니다.
그보다 더 싫었던 건 "잠시만요"라는 말만 남기고 누군가에게
보고하러 간 듯한 직원이 한동안 돌아오지 않을 때입니다. 그
럴 때면 잘못한 것도 없는데 엄청 초조해져서 '머리카락이 아
닌 거 아냐? 괜히 얘기했나?' 하고 자책하기도 했지요.

물론 바로 사과받는 경우도 많았습니다. 그런데 사과도 사
과 나름이더라고요. "죄송합니다"라는 말을 듣긴 들었는데, 자
세나 표정에서 미안함이 안 느껴질 때는 그냥 얘기하지 말 걸
그랬다 싶고요. "그래서 어떻게 해드릴까요?"라고 되물으면
손님을 대하는 원칙이 안 잡혀 있는 집 같아 다시는 오지 않겠
다고 결심하기도 했습니다.

'지금껏 식당을 운영하면서 컴플레인은 무려 0번이었다'고
쓸 수 있다면 얼마나 좋을까.

실상 정말 많은 컴플레인이 있었습니다. 영업시간뿐만 아
니라 영업시간 외에도 블로그, 페이스북, 인스타그램 등 여러
경로를 통해 컴플레인을 받았습니다. 아무리 직원 교육을 하
고 만반의 준비를 해도 식당에서 문제는 늘 발생한다는 것을

인정해야 했어요. 그렇다면 중요한 것은 문제가 생겼을 때 어떻게 대처하느냐는 것입니다.

주문이 아예 잘못 들어간 경우가 가장 흔했습니다. 손님에게 물막국수를 가져다드렸는데 "어? 비빔 시켰는데요?" 하셨습니다. 처음에는 주문받은 직원에게 어떻게 된 거냐고 물어봤습니다. 그랬더니 직원은 손님이 분명 물막국수를 주문하셨다고 그 상황의 구체적인 근거까지 대었지요. 다시 가서 물으니 손님의 낯빛이 안 좋아지셨습니다.

손님이 무엇을 주문했는지 사실을 따지는 것은 전혀 의미가 없었습니다. 손님이 원하는 것을 드리는 것이 가장 중요했습니다. 직원은 나무라지 않은 사장이 고마울 테고 손님은 아무렇지도 않게 다시 오실 테니까 굳이 누가 실수했는지 따질 필요가 없습니다.

주문이 누락되어 두 분 중 한 사람만 먼저 드시게 되거나 더 빨리 주문한 테이블의 음식이 더 늦게 나오는 경우도 있었습니다. 이런 경우에는 제일 먼저 "죄송합니다"라고 말한 뒤 음식을 가져다드릴 때 다시 한번 사과드렸습니다. 음식 드시는 마음까지 다치지 않았으면 하는 생각으로 몸의 자세나 손짓까지 진심을 담으려 애썼습니다. 가실 때 강정을 선물로 드리면 손님들이 괜찮다 하시며 더 미안해하고 고마워하셨습니다.

그런가 하면 식당에 들어오실 때부터 이미 화가 나 계신 손님도 있었습니다. 입구에서부터 심상치 않았는데, 자리를 안내해드린 뒤에도 방이 떠나가도록 언성을 높였지요. 이런 경우에는 손님이 무엇 때문에 불평하는 상황인지 빨리 파악해야 합니다. 알고 보니 주차하느라 애를 먹었는데 노부모님까지 모시고 온 터라 더 화가 났던 것이었습니다.

어떤 경우든 손님 입장에서 먼저 생각해보는 게 기본입니다. '식사 전의 여정이 매끄럽지 않아서 어렵게 모시고 온 부모님이 조금이라도 고생스러우셨다면 나는 어땠을까?' '식당에 컴플레인을 했는데 주인의 무성의한 태도를 보신 부모님은 또 얼마나 속상하실까?' 결국 제가 어떻게 해야 하는지 잘 알겠더라고요.

주차장 상황이 정말 안 좋았는지 알아보는 것은 일단 미루고, 손님의 말부터 들었습니다. 부모님께 맛있는 음식을 대접하러 왔는데 오실 때 불편하셔서 얼마나 속상하셨겠냐고 이야기를 들어드렸습니다. 물론 손님과 눈을 맞추고 자세도 공손히 했습니다. 가만히 들으시던 노부모님이 당신 아들에게 "됐다. 그만해라" 하실 때는 제 부모님 생각이 나서, 그분들의 마음을 풀어드리고 싶다는 진심이 우러나왔습니다.

손님 마음이 조금 누그러지자, 정확한 상황을 얼른 알아보고 앞으로는 이런 일이 없도록 방법을 찾고 각별히 노력하겠다는 약속을 드렸습니다. 화를 냈던 사람이 갑자기 마음을 여는 것은 여러모로 쉽지 않습니다. 손님에게도 시간이 조금 필요하지요. 내가 그렇게 성의껏 사과했는데, 바로 받아주지 않는다고 마음 상해하지 않고 잠자코 기다렸습니다. 혹시라도 불편하실까 싶어 부담스럽게 이것저것 챙기면서 환심을 사려는 행동은 하지 않았습니다. 그저 평소처럼 반찬이 모자라 보이면 슬쩍 갖다드리고, 부모님께서 드시던 물막국수의 면이 마르는 것 같으면 찬 육수도 더 갖다 부어드렸습니다.

그 손님이 다시 오시지 않는대도 그러한 정성이 아깝지 않았습니다. '그 국숫집은 그때 이렇게 하더라'라는 기억을 남겨드리는 것이면 충분했습니다. 당장은 못 오시더라도 그런 느낌들이 새겨져 결국 사람과 사람 사이의 인연을 만든다고 믿습니다.

컴플레인하는 손님도 저희 '손님'입니다. 처음에 장사를 시작했을 때만 해도 작은 컴플레인에 의기소침해져 있곤 했습니다. 그럴 때마다 남편이 말했습니다.

"저런 분들은 애정이 있어서 괜찮은 거야. 제일 무서운 손님이 누군지 알아? 아무 말도 인 하고 가서 다시는 안 오는 사람이야."

불만을 속으로만 갖고 있는 손님의 약 80% 이상이 말로 표현하는 일 없이, 다시는 오지 않는다고 합니다. 하지만 컴플레인하는 손님을 어떤 태도로 응대하느냐에 따라 진짜 손님으로 만들 수 있습니다.

실제로 한때의 '진상 손님'(?)과는 너무 정이 들어 이제는 오시면 버선발로 뛰어나가는 사이로 발전했습니다. 순서가 되면 들어오실 수 있다고 아무리 말씀드려도 부득부득 안에서 기다리겠다고 해서 실랑이하던 때가 엊그제 같습니다. 지금은 처음 방문하시는 손님들께 밖에서 대기 입력부터 하라고 안내까지 해주시더라고요.

그러므로 국숫집은 컴플레인을 환영합니다. 아, 이게 아닌데!

이름을
불러드립니다

엄마는 평생 '정집 엄마'로 불렸습니다. 지금은 사랑하는 아들 '정집이'도 캐나다로 이민을 가서 요즘은 어떻게 불리는지 모르겠습니다. 오래전부터 디스크로 고생하는 엄마 얼굴에 유독 화색이 돌 때가 있습니다. 바로 이름으로 불릴 때입니다. 특히 엄마 동창분들이 '재근아.' 하고 부르는 소리에 엄마는 소녀처럼 웃으시지요.

제 이름은 흔한 편입니다만, 엄마가 저를 이 이름으로 불러주셨을 때부터 세상의 다른 어떤 김윤정과도 구별되는 저만의 이름이 되었지요. 이름을 가지며 비로소 존재하게 된다는 것. 손님들의 이름을 불러드리고자 하는 마음은 여기서부터 시작되었습니다.

국숫집에 오시면 대기 시스템에 이름을 입력하시도록 안내합니다. 물론 숫자만 입력하면 더 효율적이겠지요. 그런데 제가 김윤정이 아니라 번호로 불렸던 은행, 대형병원, 서비스센터 등에서의 경험이 썩 유쾌하지 않았어요. 사람이 숫자가 되어 재빠르게 '처리되는' 느낌을 손님에게 드리고 싶지 않았습니다.

"안녕하세요?" 하고 저희가 먼저 가장 따뜻한 미소로 반갑게 인사를 건네면, 많은 손님이 저희를 처음 보셨는데도, 자기도 모르게 아는 사이처럼 반갑게 인사해주십니다. 손님과 주인 사이에 갑을이 아닌 대등한 관계가 형성되는 순간이지요. 이때를 놓치지 않고 이름을 불러드립니다. "김승현 손님이시죠?" 손님의 표정에는 사뭇 놀라움이 스칩니다. 막국수를 먹으러 왔을 뿐인데 번호 대신 이름이 불리니 마치 초대받은 느낌이 든다고도 하시고요. 가끔은 본인이 앞서 입력한 것을 잊고, 어떻게 이름을 알았느냐고 되묻는 분도 계십니다만.

"로또 당첨된 것 같아요."

"대학 합격한 것 같네."

　이름이 불릴 때마다 웃음을 감추지 못하시는 분들이 생각보다 많았습니다. '누구 엄마' '이 차장' '김 부장'으로 불렸을 분들. 손님의 이름을 불러드리는 것은 먼 곳까지 찾아오신 분들께 고마움을 표현하고자 준비한 선물입니다. 이름으로 불림으로써 특별해지는 경험은 음식 맛이 주는 만족감보다 더 오래 마음에 남을 테지요.

　이 선물 같은 경험은 국숫집에서의 특별한 순간으로 기억될 것입니다. 그 기억은 소중한 인연으로 이어지겠지요. 우리가 서로의 이름을 알고부터 진정한 만남을 이루어왔던 것처럼요. 이름으로 시작된 그 힘은 부드럽고도 강력합니다.

　가끔 '정우성'이라고 재밌게 쓰시는 손님도 계시고, '송혜교' 손님도 계십니다. 아무리 생각해도 실명은 아닌 것 같지만 어쨌든 진지하게 불러드리는데, 같이 온 친구분들은 창피해죽겠다는 표정입니다.

"우리 신재근 손님은 5번 테이블로 모셔주세요."

오랜만에 엄마가 딸이 하는 식당에 오셨습니다. '신재근 손님'이라고 불렸다고 깔깔깔 웃으시면서도 싫지 않은 눈치입니다. 정집 엄마도 국숫집 손님이 되는 순간입니다.

오늘, 엄마의 이름을 불러드렸습니다.

마음을 움직이는
국숫집의 언어

화방이었던 곳에 처음 자리 잡았기 때문인지, 국숫집의 이름을 정한 뒤에는 간판에 좋은 글씨의 기운을 담고 싶었습니다. 고기리막국수 글씨를 써주신 서예가 소운 박병옥 님이 말씀하시길, 글자는 그것이 쓰이기 전에 쓰는 이의 마음 먹기에 달린 것이기 때문에, 거기에 쓰는 사람의 모든 것이 담겨 있다 하셨습니다. 꼭 작품이 아니더라도, 누군가의 글 하나 그림 한 점의 힘은 보는 사람에게 메시지를 주고 마음을 전한다는 데 있습니다.

예전에 국숫집에는 손님을 모시는 작은 방 안에 문이 하나

나 있었습니다. 그 문 너머에는 손님을 모시느라 고단해진 직원들이 잠시라도 몸을 누일 수 있는 작은 공간이 있었지요. 누가 봐도 화장실이라 여길 만한 문이 있으니 급한 사람은 벌컥 열 만도 한데, 놀랍게도 함부로 문을 여는 손님은 없었습니다. 문 앞에 붙여둔 짧은 메모 덕분이었습니다.

— 직원들의 공간입니다.

손님들은 이 메모를 보면서 '직원들의 공간' 하고 되뇌어봤을지도 모릅니다. 내 한 끼 식사를 준비해주는 다른 사람의 존재가 새삼스럽게 느껴졌을지도요. 분명 흔히 보이는 '관계자 외 출입 금지'라는 글을 봤을 때와는 다른 느낌이었을 겁니다. 관계자는 누구이고 관계가 안 된 사람은 누구란 말입니까? 손님이 관계되지 않은 식당은 식당일 수 없을 텐데요. 식당의 어떤 공간도 누군가를 소외시키지 않기를, 나아가 손님도 식당의 일부가 되기를 바랐습니다.

사실 말이나 글의 중요성을 깨닫기 전에 부끄러웠던 경험이 있습니다.

재료가 소진되어 마감해야 했던 어느 날, 아쉬움을 표현하시던 어떤 손님께 "이렇게 늦게 오시니까 그렇죠"라고 무심코 말해버린 적이 있습니다. 드시지도 못하고 가게 된 것을 손님 탓으로 돌리는 듯한 제 말에 순간 그분의 표정이 일그러지시더군요.

하루는 "막국수 하나 먹자고 두 시간이나 기다렸네" 하시는 손님에게 "두 시간이요? 지금 정확히 64분 기다리셨거든요" 혹은 "다들 그 정도는 기다리세요"라고 대꾸하기도 했습니다. 더구나 "우리 대전에서 왔어" 하신 분에게 "부산에서 오신 손님도 있어요"라고 저도 모르게 받아쳤을 때는 그 말을 뱉은 직후부터 후회하기도 했지요.

손님께 진심으로 다가가고 싶은 마음과 다르게 자꾸 배려가 없는 말이 튀어나왔습니다. 마음과 다르게 나온 말들은 손님뿐만 아니라 제 마음도 다치게 했지요. 순간적인 감정을 담아 뱉었던 말들이 저도 모르게 자꾸 떠오르며 곱씹게 되자, 평소 제 모습을 되돌아보고 제 말과 생각을 고쳐가야겠다고 다짐했습니다. 이때 손님의 반응을 하나하나 살피며 반성했던 게 주효했습니다.

대기 마감으로 발길을 돌리시는 분들에게는 "먼 길 오셨는데 헛걸음하시게 해서 어쩌나요?" 하고 그 아쉬움을 같이 공감해드렸습니다. 공감이 지닌 힘 덕분에 손님들은 저희를 다시 찾아주셨지요. 어떤 손님은 자신이 멀리서 온 것이나 오래 기다린 것에 대한 불평을 주인에게 약간의 감정을 남아 표현 하기도 합니다. 그 말이 때로 날카롭게 느껴지더라도, 그게 실은 우리 음식을 드시려고 쏟은 본인의 노고를 알아줬으면 하는 마음에서 왔음을 이해하게 되었습니다. 이를 알게 된 뒤부 터는, 오시는 데 오래 걸렸다거나 장시간 기다렸다고 하는 분께 얼른 맞장구를 쳤습니다. "아이고, 오래 기다리셨어요. 제가 금방 주문받을 테니 이쪽으로 오셔요." 하고 말씀드리면 금방 표정이 풀어지셨습니다. 때로는 "조금 기다리시더라도 맛있는 음식 드셔야죠." 하고 너스레를 떨면 손님도 웃으며 고개를 끄덕여주셨고요. 손님이 가실 때 "붐빌 만하네, 붐빌 만해"라고 크게 칭찬해주시면 뿌듯한 기분마저 들었습니다.

이렇게 저는 사람들에게 다정한 말을 배웠습니다. 그리고 그 말을 가르쳐주신 분들을 '손님'이라고 불렀습니다. 어딘가 딱딱하고 거리감이 느껴지는 '고객'이 아니라, 정겨운 '시옷' 발음이 단정한 '니은' 위에 내려앉아 입 속에서 '님'으로 퍼져나가는 말 '손님'. 저는 이분들을 평생 모시기로 했습니다. 가까이서 소중히 대하며 도와드리는 것을 '모시다'라고 합니다. 제가 "손님 받을게요"라는 말 대신 "손님 모시겠습니다." 하고 선창하면, '모시다'라는 말에 담긴 마음이 직원들에게도 전해지리라 믿습니다.

사람의 마음을 가장 쉽게 움직이는 건 수려한 음식, 뛰어난 기술, 화려한 인테리어도 아닌, 사람과 사람 사이에 오가는 말이 지닌 힘입니다. 제가 듣기 좋았던 말을 상대방에게 해주면 좋은 말이 돌아왔습니다. 제 감정을 상하게 한 말이나 듣기 싫었던 말을 사용하지 않았습니다. 주인이든 손님이든 입장이 다르지 않다고 생각하고 대화를 나누었더니 어떤 손님과도 통할 수 있었습니다.

"멀리서 이거 먹으러 대전에서 왔어요" 하시면 "어머, 제 외가가 대천이에요. 대전에는 두루치기를 먹으러 가봤어요." 하고 손님의 마음과 연결되고자 했습니다. "맛있네요"라는 한마디를 들었을 때, 그 손님만의 뉘앙스를 들여다봅니다. '여전히'가 붙어 있다면 오랜만에 와주신 분, '오늘도 역시'가 붙어 있으면 최근에도 자주 오신 분, 그냥 '맛있네요'뿐이면 처음 오신 분이구나 알아차립니다. 그러고 나서 한 분 한 분에 맞춰 진심으로 대하는 것은 기본입니다.

가끔은 눈을 반짝거리며 "와, 처음 먹어봤는데 진짜 맛있네요." 하고 속내를 다 보여주시는 고마운 손님을 만납니다. 그럴 때는 좋아서 펄쩍 뛰고 싶지만, 일단 꾹 참습니다. '감사합니다'라는 인사도 잠시 접어둡니다. 그러고는 "오, 막국수 좋아하세요?"라고 여쭈어봅니다. 이제 손님이 대답하실 차례지요. 손님은 그간 드셔보셨던 막국수와 냉면 이야기를 줄줄 하십니다. 이렇게 열린 질문은 손님을 주인공으로 만들어줍니다. 이야기의 결론은 '오늘이 제일 맛있었다'로 끝나지요.

"또 올게요. 사장님." 하고 흡족해하시며 가시는 손님의 뒷모습을 봅니다. 다시 오신다면 그때는 이렇게 주문을 받겠지요. "오늘은 어떻게 드릴까요?"

가끔 이런 생각을 합니다. 화방이었던 자리에 국숫집을 하게 된 것이 아무리 생각해도 운명 같고, 어쩌면 말과 글이 식당을 만들어나가는 것이라고요.

손님들이 우리를 어떻게 생각하고 기억해주기를 바라나요? 지금 식당의 언어는 어디로 향하고 있나요?

묻기보다
가만히 귀 기울이면

한 번쯤 설문 조사에 응해달라는 부탁을 받아보셨을 겁니다. 처음에는 성의껏 답변하다가도 이내 귀찮아지기도 합니다. 설문에 직접 답한다고 해서 다 정확하다고 하기는 어려운 이유겠지요. 식당에서도 마찬가지입니다. 카운터 앞에서 "맛있게 드셨어요?" 혹은 "식사하시면서 불편한 점은 없으셨어요?" 하고 질문받을 때가 있습니다. 음식 맛이 별로인 데다가 서비스도 특별하지 않았다면, 그냥 "아, 예." 하고 어색하게 나오고 말지요. '아니 맛도 없는데 이 가격을 받는다는 게 도대체 말이나 된다고 생각하세요?' 하고 솔직하게 말할 수는 없는 일 아닙니까.

국숫집에서 제가 가장 많이 듣는 소리는 주문 넣는 소리도 그릇 정리하는 소리도 아닙니다. 바로 손님의 말소리입니다. "깨끗하게 먹었죠? 저희가 설거지 다 했어요"라는 말을 들으면 제가 도리어 돈을 내드려야 할 것 같은 충동을 느낍니다. 그러다가 이런 건 개선했으면 좋겠다는 말을 들으면 마음은 아프지만, 꼭 새기려고 합니다. 아무리 최선을 다해 음식을 내도 맛이 변했다, 짜다, 달다 등 따끔한 소리를 듣게 마련입니다. 그러고 보면 '이 정도면 됐다.' 하고 스스로 멈춰 있는 음식처럼 맛없는 음식은 없습니다.

제가 먼저 묻기보다는 더 들으려고 집중했습니다. 카운터에서, 마당에서, 테이블에서 나누는 이야기도 놓치지 않으려고 했습니다. 물론 직접 말해주시면 더 열심히 들었습니다. 손님은 국숫집의 존재 이유를 유일하게 아는 분이니까요. 사실, 손님이 왜 찾아주시는지 잘 모르는 가게가 많습니다. 우리 가게를 좋아하는 이유를 손님의 이야기 안에서 찾아내 그걸 더욱 발전시켜나가는 태도가 필요합니다.

국숫집도 처음부터 '이런 식당이 되어야지' 정하고 시작한 건 아니었습니다. 손님의 마음에 들고자 하루하루 수집한 목소리들을 따라가다 보니 지금에 이르렀습니다. 지금 국숫집이 당연한 듯이 하고 있는 많은 일이 실은 손님의 말씀에서 비롯

3장 사이

된 것이었습니다.

사람과 사물까지 인터넷으로 연결되는 시대에 살다 보니 갈수록 손님의 소리는 더욱 잘 들립니다. 국숫집을 연 날부터 지금까지 거의 하루도 빠지지 않고 꾸준히 해온 일이 있습니다. 바로 손님이 써주신 후기를 읽는 일입니다.

포털사이트에서 검색해보면 손님은 음식 평만 하는 게 아니시더라고요. 화장실이며 인테리어에 대한 감상은 물론, 오는 길부터 주차장까지 안내해주시더군요. 가격이나 인원에 따라 어떻게 주문하는 게 좋은지에 관한 노하우나 언제 가야 그나마 덜 기다리고 먹을 수 있는지 최적의 시간대에 관한 정보를 공유하기도 하고요. 한편 먹는 순서에 대한 의견이 분분하기도 했습니다. 세세한 후기를 보면 저도 같이 국수를 먹고 온 기분이 들었습니다. 게다가 다른 분들도 꼭 드셔보시라며 '강추' 메뉴를 알려주시거나 이모티콘까지 달아주신 글에서는 저희를 좋아해주시는 손님의 마음도 읽을 수 있었어요.

물론 왜 이렇게까지 오래 기다려서 먹는지 모르겠다고 하시는 분도 있었습니다. 그런 분들은 더 맛있다는 다른 식당까지 알려주시는데, 제가 아는 곳이면 손님 취향에 고개를 끄덕이기도 하고, 못 가본 곳이면 리스트에 적어두기도 합니다.

후기를 읽은 뒤에는 댓글이나 '좋아요' 표시라도 꼭 눌러서 감사의 표현을 했습니다. 또한 후기를 남겨주신 분에게 이웃 추가나 팔로우, 친구 신청을 하여 앞으로 잘 지내고 싶다는 의중을 전했고요. 감사하게도 정성을 기울일수록 더 많은 후기가 쏟아졌습니다.

후기를 읽으면서 손님들이 국숫집을 좋아해주시는 이유를 더 잘 알게 되었습니다. '막국수인데 막 만들지 않는다' '아는 사람만 먹는 메뉴가 있다' '손님에게 혜택을 주려는 집이다' '손님이 아무리 많이 오더라도 질서 있고 공평하게 운영한다' 등등. 손님이 우리를 알아봐주시고, 계속 지켜봐주신다고 생각하니 잘하는 것은 더 잘하고 싶었습니다.

그런가 하면, 손님의 솔직한 목소리가 담긴 후기를 듣고, 개선점을 찾을 때도 많습니다. 그릇을 던져놓듯 주고 갔다는 후기를 직원들과 같이 보며 손님을 모시는 마음을 다시 한번 다지기도 했습니다. 물사리 먼저 먹고 들기름막국수를 먹는 게 좋은데 가격 때문에 주문 순서를 바꾸지 못하는 경우가 있다는 것도 후기에서 읽었습니다. 사리는 국수를 시킨 다음에 추가할 수 있기 때문이지요. 이를 계기로 물사리와 들기름막국수 주문을 같이 받고, 사리를 먼저 드리도록 새로 정한 것은 물론입니다.

그렇게 지난 9년 동안 끊임없이 변화를 추구해왔습니다.

예전에 저는 매출이 늘어나면 그만큼 그 기쁨이 정확히 비례해서 커지는 줄 알았습니다. 그런데 그게 아니더라고요. 매출표 안의 숫자는 숫자상으로만 존재할 뿐 식당을 하면서 느끼는 기쁨은 여전히 작은 것들이었습니다. 정확히는 손님이 스치듯 건네주시는 작은 말들, 예를 들어 "너무 맛있어요." "더 맛있어졌어요." "여전히 맛있네요." 그리고 "우리가 드디어 여기에 왔네. 데려와줘서 고마워." 하는 감탄의 소리야말로 음식을 더욱 맛있어지게 합니다.

손님에게 '맛있다'는 말을 들으면 따뜻한 느낌에 뭉클해지는 기분. 아마 식당 하는 분들은 다 같은 마음일 거예요.

마지막으로, 가장 웃음이 났던 후기를 소개합니다. 저는 이 글을 밤에 졸다가 읽었는데 웃음이 터져 나와서 그만 잠이 깼습니다.

들기름막국수 먹다가 삼 분의 일쯤 남았을 때
육수를 부어서 먹으라고 사장님께 듣긴 했는데
너무 맛있어서 그만 육수 부을 틈도 없이 다 먹어버렸다.
#고기리막국수 #막국수성지 #찐맛집

설명하지 말고
대화하세요

국숫집을 하면서 음식 연구를 게을리하지 않았습니다. 재료를 바꿀 때면 전체적인 맛이 어우러지도록 계속 조율하고, 각 재료가 고유의 맛을 내도록 순서를 달리하며 이런저런 시도를 했습니다. 면의 물기를 짜낸 정도에 따라 염도 차이를 재두고 꼭 먹어보며 체크했습니다.

물론 음식을 더 잘 만들고자 정진한 이유는 손님에게 좋은 음식을 드리기 위해서였습니다. 그런데 점점 우리 음식이 얼마나 우수한지 알리고 싶어지더라고요. 간판 밑에 '메밀 100%'를 써서 강조하는 것으로도 부족했습니다. 아무리 이야기해도 손님들은 "아 그래요?"할 뿐 그다지 귀를 기울이지 않는다는 느낌을 받았지요. 제 행동을 돌아보니 손님을 먼저 생각했다기보다는 음식에 대해 과시하고 싶은 마음이 있었기 때문이었습니다.

그렇다면 어떻게 하면 손님이 듣고 싶은 이야기를 할까? 나는 어떨 때 마음이 움직였는지 생각해볼 일이었습니다.

제가 주부일 때, 합리적이라는 소리를 듣고 싶었습니다. 여러 가지 상품을 비교하고 만족감을 고려해 늘 최선의 선택을 하고자 했지요. 그런데 집에 돌아와서 영수증을 정리할 때 보면 이런저런 기분에 좌우되어 산 물건이 은근히 많더라고요. 몇천 원 더 싼 딸기를 사려고 좀 더 먼 마트까지 가면서도, '이 코트는 단추의 디테일이 남다르다'는 직원의 상냥한 한마디에 몇만 원이나 더 비싼 코트를 아무렇지도 않게 샀지요. 머리로 결정하는 줄 알았던 일들이 알고 보면 마음이 앞서 지갑을 여는 경우가 많았습니다.

실제로 다른 식당을 다녀본 경험을 떠올려보면, 식당 벽 한쪽에 엄선한 재료로 얼마나 심혈을 기울여 만들었는지를 써붙여놓았다고 해서 마음을 잡아끌거나 다시 오고 싶어지게 하는 건 아니었습니다. 오히려 '그게 나랑 무슨 상관?'이라는 생각부터 떠올랐지요. 그런데 그 순간 이게 핵심이구나 싶었어요. '상관을 짓는 데' 모든 초점을 맞추기로 했습니다. 내 입장에서 일방적으로 이야기를 건네는 것이 아니라 상대방이 관심 가질 이야기를 생각해내려고 애썼습니다.

먼저 손님이 가장 맛있게 먹는 법을 고민했습니다. 그렇게 시도했던 수많은 방법 중에서 가장 좋았던 방법에 대해 손님과 눈을 맞추고 대화로 이야기했습니다.

"들기름막국수는 비비면 김이 눅눅해져요. 그러니 섞지 말고 살살 떠서 드셔보세요."
"아, 비비지 말고요?"
"네, 그러다가 한 삼 분의 일쯤 남았다 싶으면 찬 육수를 넣어서 드셔보세요. 그러면 맛이 또 확 달라집니다."

이런 대화를 나누고 나면 손님이 음식에 몰입하시는 게 느껴졌습니다. 맛있게 먹는 방법을 아는 것도 손님의 권리라고 여기게끔 말씀을 드리니 손님이 귀를 기울여주셨습니다. 또 음식을 내세우기에 앞서 손님에게 어떻게 받아들여질지 생각하면서 음식보다는 손님이 주인공임을 잊지 않았습니다. 손님을 위해 만든 것이니까요.

3장 사이

블로그나 SNS를 운영할 때도 식당 홍보는 물론, 음식이나 조리법에 관해 일방적인 설명은 하지 않았습니다. 인터넷에 올릴 콘텐츠를 만들 때 가장 신경 쓴 것은 '저희도 국수를 좋아해요'라는 메시지에서 벗어나지 않는 것이었습니다. 손님이 저희를 주인으로만 생각하지 않고 심리적인 벽을 허물 수 있도록 했습니다. 동질감이 묻어나는 콘텐츠가 쌓이다 보니 저희를 찾는 손님들도 조금씩 늘었습니다.

국숫집에는 그 흔한 설명 하나, 광고 하나 없습니다. 광고비를 엄청나게 쓰고 효과를 봤다는 다른 식당의 이야기를 듣게 될 때도 그저 음식과 서비스의 품질을 높이는 데에 비용을 들였습니다. 광고보다는 막국수 맛이 좋아지는 것이 우리를 훨씬 더 널리 잘 알려줄 거라 믿었기 때문입니다.

그럼 정작 주인이 하고 싶은 이야기는 어떻게 해야 할까요? 놀랍게도 국숫집에 왔다 가신 손님들의 목소리를 통해 직접 전해졌습니다. 물론 테이블에서도요. 제가 굳이 설명하지 않아도 이곳에 와보신 손님은 일행에게 국숫집에 관해 다양한 이야기를 전합니다.

"여긴 일단 들기름막국수부터 시켜야 해. 아는 사람만 먹는 메뉴거든."

손님의 귀와 마음을 사로잡았더니 사람들이 모였고, 그분들은 제가 하고 싶은 이야기를 자발적으로 전달해주셨습니다. 그제야 좋은 재료와 음식에 대한 제 이야기에 더 많은 분이 귀 기울여주셨습니다.

손님들은 일방적인 주인의 이야기를 믿지 않아요. 대신에 가까운 사람의 이야기를 믿지요.

설명하려고 하지 마세요. 대화하세요.

손님을 살피면
쌓이는 빅데이터

아침마다 집 앞 카페에 들릅니다. 잠을 깨우는 커피 향 때문인지 습관 때문인지 모르겠지만 그래야 진짜 하루가 시작되는 것 같거든요. 카페의 원두는 두 가지입니다. 하나는 고소한 맛이 나는 원두이고 다른 하나는 부드럽게 산미가 도는 원두입니다. 직원이 둘 중에 어떤 원두로 하시겠냐고 물을 때마다 항상 두 번째 원두로 내려달라고 주문했습니다. 이 카페를 다닌 지가 3년이 훌쩍 넘었어요. 중간에 바뀌는 직원들도 있지만 짧게는 몇 달씩 거의 매일 얼굴을 봅니다.

이 정도 되면 '아침마다 오시는 저 여자 손님은 항상 두 번째 원두로 드시지?' 하고 생각해줄 법도 한데 이게 사람마다 각기 다르더군요. 어떤 직원은 매번 같은 질문을 합니다. 물론 어제 마신 것과 다른 걸 주문할 수도 있다고 생각할 수 있지만, 톤과 어조를 들어보면 꼭 그런 것 같지는 않더라고요.

최근에 만난 직원은 제가 들어서면 "두 번째 원두로 하시죠?" 하고 물어보거나 눈빛만 마주쳐도 그냥 알아서 내려줍니다. 커피 맛은 당연히 최근이 좋았습니다.

빅데이터의 시대입니다. 엄청난 양의 정보를 한데 모아 관리하고 분석해내면 다양한 현상의 흐름을 읽어낼 수 있습니다. 하지만 아무리 많은 빅데이터도 개별 데이터가 모인 것이고, 낱낱의 데이터에는 사람의 일상과 취향이 담겨 있습니다. 바로 그 깊이까지 읽어내고자 할 때 비로소 손님의 실제 목소리를 찾아낼 수 있지 않을까요.

저희가 데이터를 대하는 방법은, 예를 들어 '오실 때마다 물막국수만 드시고 가는 손님은 어떤 분들일까? 다른 메뉴를 권해드려도 좋을까?' '석 달 동안 꾸준히 오시다가 안 오시네. 이 손님에게 혹시 서운하게 해드린 건 없을까?' 등과 같이 구체적이고 작은 질문에서 시작하는 것입니다. 또 '비가 억수로 쏟아져도 오시는 손님이 있던데, 그런 손님은 어떤 분들일까?' 와 같이 실제 현장에서 손님을 만나 직접 관찰하고 데이터를 얻는 것입니다.

하루는 손님이 방금 나온 국수를 드시지 않고 뭔가를 기다리시는 듯 보였습니다. 이상하다 싶어 사리를 내어갔더니 그제야 한꺼번에 놓고 휴대전화를 꺼내 인증샷을 찍으셨지요. 사실 국숫집에서는 사리 주문을 받더라도 한꺼번에 내지 않습니다. 손님이 본 메뉴를 거의 다 드시는 시간을 고려하여 흐름이 끊어지지 않는 타이밍에 드리지요. 두 그릇이 함께 나가는 경우 나중에 드시는 면이 금세 불어버리니까요. 국수를 다 드신 손님에게 언제 사리를 내어갈지 대략의 시간을 가늠하는 데도 물론 데이터가 중요합니다. 하지만 이 경험에서 알 수 있듯, 손님마다 원하는 서비스가 다를 수 있습니다. 이는 분명 개별 손님의 마음을 관심 있게 살펴봄으로써 얻을 수 있는 정보이지요.

한편 대기 시스템을 도입한 이후로 재방문율을 확인할 수 있게 되었습니다. 재방문율이 올라가면 그즈음 손님들에게 좋은 반응을 얻었던 부분을 찾아 더욱 강화하고자 했습니다. 반대로 재방문율이 조금 내려가면 그 수치에 연연하는 게 아니라, 손님이 덜 찾아오시게 된 이유에 주목했지요. 이를 위해 해당 기간의 후기를 모아 손님들을 불편하게 했던 점이 무엇인지 찾고 이를 개선하고자 노력했습니다. 주차가 불편했다는

지적이 많았을 때는 주차장을 총 네 곳으로 늘려 적극적인 대책을 마련했고요. 주문 시간에 맞춰 왔는데 여유롭게 식사할 수 없었다는 후기에 마지막 주문 시간을 8시 20분으로 앞당기기로 과감하게 결정하기도 했습니다.

많은 분이 방문해주시고 데이터가 쌓여갈수록, 데이터의 가치는 숫자가 아니라, 그 숫자를 이루는 마음에 있다는 생각이 듭니다. 결국 손님의 마음을 아는 것이 문제 해결에 가장 최적화된 길일 테니까요. 이는 우리가 살면서 다른 사람과 처음 관계를 맺고 그 관계를 지속적이고 안정적으로 유지하면서 '사이'를 만들어나가는 일과 다르지 않습니다. 상대방을 좋아하면 되도록 상대에게 맞춰주려고 노력하게 되고, 사람은 누구나 나를 알아주는 사람에게 끌리게 마련이지요.

손님의 마음을 더 잘 알기 위해 온라인과 오프라인을 넘나들었습니다. 온라인 공간을 통해 영업시간 이외에도 주인과 손님 사이가 지속해서 연결되었습니다. 손님이 직접 써주신 후기를 열심히 읽고 축적된 데이터를 통해 문제를 찾고 원인을 모색했습니다. 한편 상호 간의 소통이 깊어지면서 주인과 손님이 서로 오래전부터 알고 지낸 친구처럼 친근하고 신뢰할 수 있는 사이로 발전하기도 한 것은 수치로 환산할 수 없는 자산이 되었습니다.

　오프라인에서 역시 손님을 직접 응대하며 진정성 있는 관계를 쌓아왔습니다. 손님을 숫자로만 보면서 지금 이 공간을 찾아와주신 분들에게 애정과 관심을 기울이지 않으면 '메뉴얼대로' 손님을 대하게 됩니다. 그런 형식적인 응대는 손님이 가장 잘 알아차리시지요. 손님마다 어떤 메뉴를 좋아하시고 주로 어떤 분들과 이 시간을 함께하고자 찾아오시는지 작은 것이라도 놓치지 않으려 애썼습니다. 이렇게 손님들과 맺어온 '사이의 힘'은 국숫집이 지금까지 큰 사랑을 받아온 비결입니다.

　방대한 데이터 사이에서 찾은 작은 것들은 오랜 시간에 걸쳐 국숫집의 운영 시스템으로 자리 잡았습니다. 손님의 취향이나 주문 상황에 따라 다르게 대응하도록 체계를 세우니 식당을 운영하는 큰 흐름이 만들어졌습니다. 다시 오신 손님들의 만족도가 높아진 것은 물론입니다.

　국숫집은 연간 20만 명이 넘는 손님들이 방문하시며 2020년에는 30만 명 이상이 다녀가실 것으로 예상됩니다. 그중 10만 명 이상이 재방문 손님으로, 재방문율은 34%에 달하지요. 이 데이터에서 눈여겨볼 만한 특이한 점은 재방문 횟수입니다. 20번 이상 오셨던 분들이 가장 꾸준히 와주시고, 최근에는 70번이나 방문해주신 손님도 생겼습니다. 그날은 손님께 칠 순잔치라도 열어드리고 싶을 정도로 벅찼습니다.

손님을 살피는 마음이 빅데이터를 만났을 때 큰 폭발력을 가집니다.

최고 매출보다는 방문 횟수가 늘 감격스럽습니다.

기분 좋은
빚 안겨드리기

요즘은 너 나 할 것 없이 바쁘다는 말을 입에 달고 삽니다. 바쁘지 않다고 하면 왠지 경쟁에서 뒤처졌거나 능력 없는 사람처럼 보일까 걱정할 정도로요. 다른 사람의 안부를 물을 때도 "식사하셨어요?"보다는 "바쁘시죠?"라는 말이 먼저 나옵니다. 다 먹고살기 위해 바쁜 것인데 식사 안부조차 뒤로 미뤄졌으니 참 쓸쓸한 일이지요.

이렇게 바쁘다 보니 다른 사람을 위해 기꺼이 나의 시간을 나눈다는 것의 의미가 더욱 크게 느껴집니다. 그렇다면 국숫집에서 기다려주신 시간을 그냥 흘려보내게 해드릴 수는 없었습니다. 사람과 사람 사이에 주고받을 수 있는 큰 선물이 시간일 테니까요. 도심에서 멀리 떨어진 국숫집에 오시기까지 귀한 시간을 내어주신 손님들에게 보답해야 한다고 생각했습니다.

가게 사장님들은 손님께 보답하는 의미로 흔히 쿠폰을 보내드립니다. 저희도 단골손님께 쿠폰을 발송하는 이벤트를 열었습니다. 그런데 제 기억만 더듬어봐도, 쿠폰 이벤트에는 손님을 배려하는 세심함이 필요했습니다. 언젠가 한 식당에서 식사가 끝나고 쿠폰을 냈더니 주문할 때 내지 않았으니 적용되지 않는다는 말을 들은 적이 있습니다. 그때의 황당함이란. 혹은 한턱내겠다고 친구들을 데려갔는데 주말이라서 쿠폰 사용이 안 된다는 말을 듣기도 했지요. 치킨집 콜라 쿠폰을 열심히 모았는데 막상 쓰려고 했더니 주인이 달갑지 않아 했던 적도 있었고요. 그런 감정을 손님들에게 드리고 싶지 않았습니다.

이에 더해 신경 썼던 점은 이벤트가 일시적인 매출 상승이나 재방문을 노리는 장삿속으로 읽히지 않게 하는 것이었습니다. '쿠폰의 음식과 돈을 받고 내는 음식에 차이가 있는 건가?' '바쁜 주말엔 서비스 음식까지 내줄 여유가 없겠지?' 하는 의구심이나 불안감을 느끼지 않도록 해야 했습니다. 수많은 식당 중에서 우리 집을 선택해서 오신 손님을 마치 공짜 바라는 손님으로 여기더라는 인상을 드려서는 안 될 일이었습니다.

오히려 손님이 쿠폰을 쓰실 때 '나 이 집 단골이야.' 하는 자부심을 느끼기를 바랐습니다. 주인에게 괜히 미안하거나 걱정하면서 살짝 내미는 게 아니라, 주변 테이블을 쓱 둘러보면서 보란 듯이 내밀 수 있게 하고 싶었습니다. 우리가 평소에 아무하고 선물을 주고받지 않듯이, 국숫집에서도 주인과 손님이 선물을 주고받는다면 특별한 사이가 되었다는 의미일 테니까요.

이런 생각을 바탕으로 국숫집만의 첫 쿠폰을 만들었습니다. 쿠폰으로는 가장 비싼 메뉴인 수육을 드리기로 하고, 크기도 소짜와 중짜 중에 고르실 수 있게 했습니다. 그러고는 한두 분이 오셔도 큰 사이즈를 먼저 권하도록 직원들에게 일러두었습니다. 사용 기한은 명확하게 정해두기는 했지만, 넉넉히 쓰실 수 있도록 두 달 반으로 했습니다. '본 메뉴 주문 시' '주말 사용 불가' 등 다른 조건은 하나도 쓰지 않았습니다.

그 외에도 여러 이벤트를 진행하며 손님들께 감사함을 전했습니다. 예전에는 아무리 감사해도 "감사합니다"라는 말밖에 하지 못해서 안타까웠는데, 카카오톡 서비스 등을 활용할 수 있게 되면서 다양한 방법으로 마음을 표현하고 있습니다.

보통 음식점에서 쿠폰을 발행하면 약 0.4%의 회수율을 보이고, 10% 정도 회수되면 성공한 이벤트로 본다고 합니다. 그런데 국숫집 이벤트 통계를 보면, 쿠폰을 수신한 분의 90% 이상이 쿠폰을 내려받으시고, 71%의 손님이 실제로 사용해주셨습니다. 이 놀라운 수치는 저희 이벤트가 이벤트성으로 그치는 홍보물이 아니라 그분들이 충분히 만족할 수 있는 선물이었다는 의미이기도 하겠지요.

특히 단골손님들과 같이 오신 가족, 지인분들 역시 순서를 기다리면서 기꺼이 국숫집의 친구가 되어주셨습니다. 2020년 11월을 기준으로 국숫집의 '카카오톡 플러스 친구'는 1만 6693명입니다. 이분들께 카톡을 드릴 때는 단순한 홍보 문구가 아니라 막국수 이야기를 나눕니다. 꼭 국숫집에 오시지 않더라도 햇메밀 나오는 시기를 알려드려 손님들이 좋은 정보를 공유할 수 있게 하고요.

이벤트는 한 번으로 끝나지 않았습니다. 2회에는 추운 겨울 동안 기다려주신 분들을 대상으로 저희 가게의 '고기리 김치'를 보내드렸습니다. 3회에는 '기다린 시간을 되돌려드립니다'라는 메시지로, 방문해주신 손님의 누적 대기 시간에 따라 선물을 드렸습니다. 4회는 새집으로 이사한 뒤에 집들이로 대신했습니다. 재료를 납품해주시는 거래처, 새 보금자리를 지어주신 건축시공업체, 설비 기사님 등 보이지 않는 곳에서 애써주시는 분들은 물론, 외식업 동료 사장님들과 단골손님까지 약 1000여 명의 소중한 분들을 초대해 막국수를 대접했습니다.

국숫집 문을 열기 전에 미리 보여드리고 싶었거든요. 국수 무한 주문이 가능했던 기쁜 날이었지요.

이벤트는 단지 주인이 손님께 고마운 마음을 전하는 것만은 아닙니다. 이벤트는 받는 분들께 '기분 좋은 빚'을 담뿍 안겨드리는 것입니다. 주인은 손님에게 감사함을 전하고, 손님은 도리어 고마워해주시며 다시금 찾아주셨습니다.

손님들은 오랜 시간 묵묵히 기다려주셨습니다. 그 사랑이 얼마나 큰지 지난 1년간 가장 많이 기다려주신 손님은 1107분, 무려 19시간에 가까운 시간을 내어주셨어요.

시간이 쌓여갈수록 식당과 손님은 주고받는 관계를 넘어선 사이가 됩니다.

그리고 그 사이에 유효기간은 없습니다.

국숫집의 대소사도
손님과 함께

몇 년 전 고기동의 도로확장계획이 확정되었을 때의 일입니다. 국숫집이 처음 자리 잡았던 곳의 마당 전체가 도로 확장 구역에 포함되었습니다. 대부분 포장도 안 된 흙길인 데다 차 한 대 겨우 지날 수 있는 좁은 구간이 많아 지역 주민과 손님 모두 고충을 겪고 있었으니, 정말 잘된 일이었지요.

하지만 국숫집 마당이 도로가 된다니 이사를 할 수밖에 없었습니다. 〈수요미식회〉에 나온 직후라 국숫집에 손님이 밀어닥칠 때였습니다. 손님들과 만난 이곳을 떠나리라고는 생각도 못 했는데, 옮길 자리를 찾아 이곳저곳 다녀봐야 하는 처지가되었습니다. 이참에 아주 목 좋은 곳으로 가볼까 했지만, 이미 주변 땅값이 두 배 이상 오른 뒤였습니다. 반드시 가게를 옮겨야 하는 상황이 알려지면서 네 배까지 부르는 곳도 있었습니다.

이전할 장소를 물색하는 과정이 순탄치 않자, 저희에게 중요한 것이 무엇인가 다시 생각해보게 되었습니다. 어디로 가는지와 상관없이 한 그릇 팔 때부터 지금까지 국숫집이 안착할 수 있게 해주신 손님의 마음만 꼭 가져가자고 마음을 다잡았습니다.

곧 떠나야 할 상황임을 아시는 손님들은 국수 드시러 오실 때마다 어떻게 되고 있느냐고 관심 가져주셨습니다. 무조건 이 근처로 옮겨야 한다고 하시는 분도 계셨고, 혹시 멀리 가더라도 어떻게든 찾아가겠다고 해주신 분도 계셨습니다. 어떤 말씀이든 국숫집 일을 자기 일처럼 여겨주시는 분들임은 틀림없었습니다.

덕분에 조급한 마음을 버리고 나니, 신기하게도 좋은 자리가 나타나기 시작했습니다. 멀리 경기도 광주나 여주까지 가야 하나 생각했는데, 오히려 가까운 곳에 괜찮은 터가 숨어 있었습니다. 고심한 끝에 400평대에 이르는 토지를 계약했습니다.

겨우내 얼었던 땅이 풀려 드디어 선긋기를 하는 날이 왔습니다. 손님들은 그때부터 벌써 국숫집이 언제 다 지어지는지 궁금해하셨습니다. 그 관심에 힘입어 새집은 철근을 국수처럼 촘촘하게 엮고, 국수처럼 엮인 손님과의 인연 변치 말라고 콘크리트를 부어 단단히 굳혔지요. 거푸집을 떼어내자 손님들이 앉으실 툇마루가 생겼습니다.

돌담을 이룰 돌을 하나씩 쌓아 올리는 것까지 집 짓는 모든 과정을 손님들과 공유했습니다. 이 집은 저희가 잘해서 지어지는 게 아니라는 것을 알고 있었으니까요. 새집을 손님과 같이 짓는다는 마음이었습니다.

날짜가 가까워졌을 때 '확장 이전'이 아닌 '이사'라는 소식을 전하고 싶었습니다. 끼니를 함께하는 식구 된 마음으로, 더불어 살아가는 이웃의 마음으로 손님에게 편지를 썼습니다. 한번 읽어보시겠어요?

이사 가는 마음

　고기리막국수는 7월이면 정든 이곳을 떠납니다. 현재 자리는 용인시에 수용되어 더 넓은 길이 될 예정이라고 합니다. 그동안 이곳에서 과분한 사랑을 받아서 늘 감사했습니다.

　도로 확정 소식을 듣고 손님들 편히 모시고 싶어 되도록 가까운 곳을 찾기 위해 고민해왔습니다. 다행히 300m 거리에 새집 자리를 찾았습니다. 올여름에는 새로 난 넓은 길 따라 편하게 오세요. 여전히 크지 않은 집이지만 국수 맛은 더 크고 깊게 이어가도록 하겠습니다. 부족하더라도 지켜봐주시고 조언해주십시오. 열심히 노력하겠습니다. 감사합니다.

― 고기리막국수 유수창 · 김윤정 올림

음식을 구상하고 어떻게 조리할지 반복해서 머릿
속에 다 넣은 뒤에는, 손끝에서 이런 것들이 묻어
나야 합니다. 재료를 대하는 태도, 집중하는 마음,
손님에 대한 존중 말이지요.

손님들은 사랑하는 사람과 먹는 한 끼에서 인생의
행복을 떠올립니다. 저희는 그 끼를 준비하는 사
람이고 그 한 끼를 내어갈 때 손님과 마음을 다해
교류하는 것이 소명이라고 믿습니다.

4장

정성

**음식은
사람에게서
나온다**

막 만들지 않은
막국수

막국숫집을 한다고 말하면 사람들 얼굴에 놀라움이 스쳤습니다. 저희가 선택한 막국수는 많은 사람에게 낮고 초라하게 여겨지는 것이 분명했습니다. 지금 생각해보면 경쟁이 그리 치열하지 않아서 여기까지 올 수 있었던 것 같아요. 우리는 많은 사람이 거들떠보지 않는 일을 선택함으로써 존재 이유를 찾아나갔습니다.

남편은 막국수를 좋아했습니다. 막국수를 즐겨 먹기를 넘어 직접 만들겠다고 나서기까지 한 게 지금의 경지에 이르렀지요. 남편과 달리 저는 막국수의 '막'이라는 말이 마음에 걸렸습니다. 막말, 막노동처럼 접두사 '막'이라는 한 글자만 붙어도 소통의 중요한 수단인 말은 속된 말이 되고 신성한 노동은 허드렛일이 됩니다. 이렇듯 '막'은 '거친, 품질이 낮은, 닥치는 대로 하는, 함부로' 등의 의미를 더해 뒤따라오는 단어의 가치를 깎아내립니다.

'막국수'라는 이름도 마찬가지입니다. 이 이름의 유래는 메밀의 겉껍질까지 함께 '막' 갈아 만들었다는 재료 특성에서 왔겠지요. 이는 메밀 속살만으로 만든 냉면과 구별되고요. 물론 갓 빻아 만든 반죽을 내려 먹는다고 해서 막국수라고 불렸다거나, 메밀 자체가 비교적 짧은 기간에 자라나 몇 달이면 수확할 수 있었던 작물이어서 막국수라고 불렸다는 이야기도 있습니다. 시간의 의미든, 격식을 차리지 않았다는 뜻이든, 메밀은 이래저래 '막'이라는 글자가 붙을 수밖에 없는 운명입니다.

음식이 시대상을 반영하는 만큼, 시대가 변화하면 다른 대접을 받게 되기도 하지요. 과거에 귀하게 여겨져 '진(眞)가루'로도 불렸던 밀가루는 전쟁과 산업화를 거치며 흔해진 반면, 흉년이나 춘궁기에 쌀을 대신했던 메밀이 오늘날에는 별미로 인정받게 되었습니다.

그렇다 한들 제게 막국수는 '막'국수일 뿐이었습니다.

4장 정성

제 안에 감춰둔 선입견을 털어내게 해준 건 바로 남편이었습니다. 온종일 음식을 만들다가 밤이 되어 손님이 다 가시고 난 뒤에 보면, 아침에 빳빳했던 남편의 조리복은 물기에 젖어 무거워져 있습니다. 남편의 막국수는 맛도 모양도 거칠거나 조악하지 않았습니다. 남편은 막국수를 막 만드는 법이 없었지요. 남편을 보면 막국수라는 이름과 달리 '잘' 만들기 위해 얼마나 애쓰는지 느껴집니다.

사람들이 부르는 대로 막국수를 '막'국수로만 보았는데, 이름을 떼어내고 그것 자체에 생각의 초점을 맞추니, 비로소 본질이 보이기 시작했습니다. 깊이 있고 섬세한 남편의 막국수는 그야말로 '막' 만들지 않은 막국수였습니다.

그전까지는 다른 사람들이 내려주는 정의가 중요한 줄 알았습니다. 그래서 막국수를 숨기고 막국수 파는 저를 숨겼습니다. 우리의 막국수를 막 만들지 않은 막국수로 재정의하고 나자, 놀랍게도 우리만의 세계가 열리게 되었지요. 마치 드넓은 우주 속 우리의 공간이 펼쳐지는 듯한 느낌이었습니다. 이제는 다른 집과 경쟁하지 않아도 되었습니다. 저희가 새롭게 정의를 내리자, 거기에서 의미가 생긴다는 사실을 깨달은 때였습니다.

막 만든 음식을 싸게 팔기는 쉽습니다. 정성을 다한 음식을 비싸게 파는 것도 당연합니다. 하지만 국숫집은 막 만들지 않은 음식을 비싸게 팔지 않음으로써 손님에게 좋은 기분을 안겨드리고 싶었습니다.

막국수를 막 만들지 않는 이유는 손님들이 제대로 만든 막국수를 편하게 드실 수 있게 하기 위함이지요. 이런 마음을 아시는 듯, 손님들은 남편의 막국수를 만나기 위해 기꺼이 기다려주십니다.

수치화할 수 없는
태도

🥣 —— "식당 하면 대박 나시겠어요!"

손맛 좋은 분들이 손맛만 믿고 창업하시는 경우가 종종 있습니다. 주변에서 식당을 차려보라는 말을 많이 들으셨을 테니 무리도 아닙니다.

그런 식당 중에는 몇 번 더 찾게 되는 집이 있지요. 그런데 두 번째 혹은 세 번째 갔을 때 처음 감탄했던 맛과 달라 의아한 경우가 간혹 있습니다. 몇 번을 더 가봐도 맛이 일정하지 않은 게 느껴지고요. 분명 솜씨 좋은 사장님인데 눈대중 손대중으로 그때그때 간을 맞추다 보니 음식 맛이 들쭉날쭉했던

4장 정성

것이지요. 손님이 많을 때와 적을 때 맛의 차이는 확연히 드러났습니다. "오픈하고 손님 많이 오세요?" 하고 계산하면서 여쭤보니, 오시는 손님마다 다 맛있다고는 하시는데 왜 장사가 시원치 않은지 모르겠다는 답이 돌아왔습니다.

제가 생각하는 식당이란 매번 100점짜리 음식을 내는 곳이 아닙니다. 국숫집은 85점에서 95점 사이의 음식을 내려고 합니다. 선택받는 식당이 되기 위한 관건은 그 편차를 줄이려고 늘 애쓰는 데 달려 있습니다.

주방의 인력이 종종 바뀌는 것을 가정하고 하루 1000여 명의 손님에게 일정 수준의 음식을 제공하려면, 레시피에 따라 정확한 계량을 하는 것은 기본입니다. 그렇다면 레시피만 정해지면 누가 만들어도 같은 결과물이 나올까요?

막국수의 주재료인 메밀은 다루기가 까다로운 편입니다. 아무리 세밀하게 계량해도 면을 만들 때는, 메밀 수확 시기에 따른 알곡 자체가 지닌 건조도는 물론, 그날의 날씨, 습도, 반죽 시간, 농도, 반죽하는 물의 온도, 삶는 시간, 삶는 물의 양, 헹구는 물의 온도 등에 따라서 결과가 다 달라집니다.

국숫집에서는 계량화 기준 오차 범위를 5% 이내로 유지하고자 여러 노력을 기울이고 있습니다. 매일 아침 메밀가루의 상태를 확인하고 그에 따라 반죽에 들어가는 물의 양을 조절합니다. 반죽 최적의 점성을 잡아낼 때는 미세한 감에 의존하되, 숙련된 기술자가 충분히 집중할 수 있게 합니다. 면을 삶는 시간은 계절에 따라 크게는 30초의 차이를 두고 조절합니다. 육수를 끓일 때 역시 그날 들어온 소뼈와 뼈에 붙은 살코기 상태를 보며 우려내는 시간을 매번 체크합니다. 수치화된 레시피는 분명히 존재하지만, 사람이 관여하는 순간이지요. 프랜차이즈라도 매장마다 맛이 조금씩 다를 수밖에 없는 것처럼요.

음식은 손을 거쳐 구현되지만, 실제로는 음식을 만드는 사람이 지닌 마음가짐을 통해 구체적으로 발현됩니다. 각각의 조리 과정이 융합되면서 세밀한 요소가 개입되는데 그 요소는 바로 수치가 아니라 '사람'인 듯합니다.

음식을 구상하고 어떻게 조리할지 반복해서 머릿속에 다 넣은 뒤에는, 손끝에서 이런 것들이 묻어나야 합니다. 재료를 대하는 태도, 집중하는 마음, 손님에 대한 존중 말이지요.

손님들은 사랑하는 사람과 먹는 한 끼에서 인생의 행복을 떠올립니다. 저희는 그 한 끼를 준비하는 사람이고 그 한 끼를 내어갈 때 손님과 마음을 다해 교류하는 것이 소명이라고 믿습니다.

음식은 주방에서 나오지 않습니다. 식당을 하면 할수록 음식이 사람의 태도에서 나온다는 것을 알게 됩니다. 음식을 대하는 마음가짐을 바로 하려면 제 삶부터 잘 살아내야 할 일입니다.

숱한 경험과 실험 끝에
탄생한 맛

햇살이 눈부신 날, 그보다 더 환히 빛나는 커플이 국숫집에 들어오십니다.

"들기름막국수 주세요."
"들기름막국수가 뭐야? 메뉴판에도 없잖아."
"아는 사람만 먹을 수 있는 메뉴야. 날 믿어봐."

믿어보라는 말에 우리는 인생의 얼마나 많은 부분을 결정하고 다른 선택을 하게 되는 걸까요. 저 역시 믿어보라는 한마디에 이끌려 결혼을 결심했습니다. 그런데 그 결혼이 들기름

막국수를 탄생시킬 줄 누가 알았을까요. 들기름막국수의 탄생
비화, 들어보시겠어요?

막국수 맛의 본질을 찾아 백여 군데 막국숫집을 다니던 시
절의 이야기입니다. 어떤 집에서는 간장, 기름, 식초, 설탕, 양
념장, 동치미를 죽 늘어놓더니 메밀 면을 따로 가져다주었습
니다. 손님이 자기 취향에 맞게 '알아서 먹는' 집이었습니다.
양념장에 이것저것 넣으며 배합하는 방식이다 보니 갈 때마다
국수 맛은 달랐습니다. 백이면 백 사람마다 각기 다른 막국수
를 먹을 수밖에 없는 것은 당연했지요.

— 설탕 한 스푼, 다대기 두 스푼, 동치미 두 국자

이렇게 메뉴판 한쪽에 식당만의 황금 배합을 써둔 곳은 차
라리 친절했습니다. 간혹 '간장 두 바퀴, 기름 한 바퀴, 다대기
많이 넣으면 매움'이라고 쓴 집에서는 얼마큼 넣어야 매운지,
맛있게 먹으려면 어느 정도로 넣어야 하는지 가늠이 안 됐습
니다. 심지어 직접 만든 양념장이 자신이 원하던 맛이 아닐 때
의 당혹감이란! 물론 개인의 취향에 따라 먹어보는 것도 의미
가 있겠지만요.

손님의 손맛에 막국수 맛이 좌우되는 구조라니…. 식당에 가는 이유는 전문적으로 조리한 음식을 맛보기 위해서인데, 이렇게 만들 때마다 맛이 달라지면 어쩌나 싶었지요. '막국수는 원래 이렇게 먹어왔던 거야.' 하고 각자의 개성에 맡기기에는 사람마다 음식에 대한 감도 다 다르고 변수도 많습니다. 조합하기에 따라 여러 가지 경우의 수가 나오는 막국수를 먹으며 가장 많이 느꼈던 일종의 불안감도 바로 이것이었지요.

평상이 있는 어느 막국숫집에 갔던 날, 막국수에서 뿜어져 나오는 고소한 향이 코를 찔렀습니다. 동네 방앗간에서 직접 짜온다는 들기름 향이었어요. 매운 것을 먹으면 탈이 나는 남편을 위해 매운 양념장을 옆으로 슬쩍 밀어두고 간장을 청했습니다. 간장으로 간을 잡은 뒤 면을 씹어보니, 들기름 향이 입 안 가득 퍼지면서도 메밀의 맛과 식감이 잘 느껴졌습니다. '바로 이거다!' 싶었습니다.

그러다가 막국숫집을 열었고 몇 달이 지났습니다. 손님이라고는 궁금해서 와보신 동네분들이 전부라, 몇 그릇 팔지도 못했는데도 온몸에 힘이 빠졌습니다. 인적이 뚝 끊기는 오후 4시가 되면, 마당에 파라솔을 펴고 그 아래 남편과 마주 앉아서 지친 상태로 늦은 끼니를 때웠지요. 그때 먹던 막국수는 손님께 내던 것과 달리, 고명도 없이 면만 덩그러니 담긴 그릇에 육수만 간단히 부어 낸 것이었고요. 그전까지는 면에 곁들이는 달걀을 좋아했는데, 달걀을 빼고 먹어야 메밀 맛에 방해가 되지 않는다는 것을 이때 알았습니다.

그렇게 남편과 매일 조금씩 다르게 막국수를 만들어 먹었습니다. 그러면서 자연스럽게 다양한 경험을 해볼 수 있었습니다. 언젠가는 남편이 비장한 눈빛으로 새로 만든 간장 양념장을 내오기도 했고요. 갓 내린 면에 쯔유를 부어 일본식 소바처럼 먹어보기도 했습니다. 홍갓 철에는 홍갓 동치미를 담가 분홍색으로 물든 면을 말아 먹으며 우리끼리 감격했지요. 파라솔 아래에서의 그때, 지금 생각해보면 가장 설레는 시절이었어요.

'어떻게 하면 면의 맛을 북돋아주면서 더 맛있게 먹을 수 있을까?' 하는 고민 끝에 시도한 여러 가지 방법은 하나의 방향으로 모였고, 그 결과 들기름막국수가 탄생했습니다. 간장과 들기름으로 메밀 맛의 깊이를 더하고, 김 가루로 풍미를 더한 막국수였지요.

애석하게도 탄생은 했지만 팔지는 못했습니다. 서로 눈만 마주치면 이런 궁리가 오갔습니다.

"이게 될까?"

"막국수는 다 비빔이라던데."

"우린 맛있는데."

"그냥 우리끼리 먹어."

사실 세상에 없는 메뉴를 내놓는다는 것이 두려웠습니다.

겨울이 되자 손님이 더 줄었습니다. 그날도 빈 테이블에 앉아 남편에게 들기름막국수를 주문했습니다. 면 뽑는 소리와 함께 불에 구운 김 내음이 나는가 싶더니 이내 절구에서 빻는 깨의 고소한 향이 섞여들었습니다. 들기름막국수에 아직 바스락거리는 김을 살살 떠가며 먹고 있으니, 옆에 앉은 단골손님이 슬쩍 넘겨다보며 물으셨습니다.

"그건 뭐예요?"

"아, 이건 그냥 저희끼리 먹는 메뉴예요."

그 순간 겨울에도 막국수를 찾을 정도의 손님이시라면 우리와 취향이 같지 않을까 하는 생각이 뇌리를 스쳤고, 불쑥 용기가 나서 "한번 드셔보실래요?" 하고 여쭈었습니다. 들기름막국수를 한 입 넣자마자 "와아!" 하고 감탄하시던 그분 표정이 아직도 생생합니다.

그렇게 자주 오시는 분들에게 먼저 권하기 시작하면서 '메뉴판에도 없는 메뉴' '아는 사람만 먹는 메뉴'가 세상에 나왔습니다. 작은 가게에 신선하고 향긋한 들기름 내음이 금세 퍼지듯, 국숫집의 '집밥' 같은 메뉴는 먼저 드셔본 손님의 입에서 입으로 전해졌습니다. 나만 알고 싶은 맛집의 숨겨진 메뉴는 손님들과 식당의 특별한 인연을 만들어주고 있지요.

들기름막국수를 만든 지 9년째입니다. 하루에 판매되는 1000그릇 중 약 700그릇이 들기름막국수일 정도로 인기가 좋습니다만, 지금도 들기름막국수는 메뉴판에 없습니다.

저희의 들기름막국수가 방송에서 알려지면서 다른 식당에서도 우후죽순으로 유사 메뉴를 만들어 판다는 소식을 손님들이 전해주셨습니다. 처음에는 저희 메뉴를 카피했다는 이야기에 기분이 유쾌하지는 않더군요. 하지만 다르게 생각해보면 우리의 방향이 틀리지 않았음을 증명하는 것이기도 했습니다.

어떤 분야든 창작의 영역은 인정받아야 한다는 생각에는 변함이 없습니다. 다만 창작의 결과물을 독점하기보다는, 많은 사람의 관심을 받는 만큼 시장이 확대되고 업계가 발전할 때 손님에게 더 폭넓은 지지를 얻을 수 있다고 생각합니다. 저희는 계속해서 더 맛있는 막국수를 만드는 노력을 멈추지 않을 거예요. 요즘은 어떻게 하면 더 많은 분이 막국수를 쉽고 편하게 즐길 수 있을까 하는 고민까지 안고 있습니다.

숨어 있는 맛을 찾아 전국을 돌아다녔던 우리의 시도가 이제는 정식 메뉴로 당당히 받아들여졌습니다. 막국수는 이제 단순히 먹고 끝내는 것이 아니라 즐기는 문화가 되었습니다. 이런 사실이 꿈만 같은 요즘입니다.

맛을 좌우하는
디테일

'둥근 사리는 비녀를 꽂은 여인의 쪽머리처럼 단아하다.'

국숫집을 하면서 가장 많이 들었던 말이 사리에 관한 묘사였습니다. 손님들은 동그랗게 포개어 감은 사리의 모습을 SNS에 공유해주셨습니다. 그런데 국숫집 사리는 그저 예쁘게 보이려고 만든 것은 아닙니다.

면을 찬물에 헹군 뒤 물기를 제거하는 과정에는 어느 때보다 집중해야 합니다. 막국수는 면과 양념장의 조화를 근간으로 하는 음식이기 때문입니다. 찬물에서 건져내 물기만 적당히 털어낸 사리는 양념장에 비비면 맛이 겉돌기 쉬울 뿐만 아니라, 염도를 맞추어 뽑아낸 육수 맛의 균형을 미세하게 깨뜨릴 수 있거든요.

'아무리 작은 차이라도 그런 차이가 모이면 최종적인 음식 맛이 달라진다'는 것이 바로, 남편이 디테일에 집착하는 이유입니다.

물기를 꼭 짜내다 보니 사리는 동그란 공에 가까워졌습니다. 위에서 봤을 때 지름이 일정해졌고, 그릇에 담았을 때 높이가 높아졌습니다. 한 올 한 올 흐트러지지 않게 말아놓은 사리의 모양에는 마지막 한 가닥까지 일정한 맛을 유지하려는 요리사의 고집이 담겨 있습니다.

이렇듯 남편은 음식의 완성도를 위해 매 단계 구체적인 원칙을 세워 따릅니다.

우선 재료 보관에서부터 심혈을 기울입니다. 일그러진 부분 없이 삼각뿔 모양이면서 녹색으로 빛나는 메밀을 고릅니다. 그러고는 선도 유지를 위해 껍질을 벗긴 지 1주일 이내의 메밀만을 냉장 5℃에 맞춘 저온 저장고에서 보관합니다.

이제 메밀을 갈아야 합니다. 촤르르 소나기 오는 소리를 내며 초록빛 녹쌀이 분쇄기 안으로 떨어져 내립니다. 대략 50인

분씩 소량 제분합니다. 윙윙거리는 소음과 함께 가루가 폴폴 날립니다. 두 개의 롤러 사이를 통과한 고운 가루에 물이 섞여 들며 반죽이 만들어집니다. 반죽이 롤러 위로 솟았다가 숨기를 몇 번 반복하다 보면 어느덧 매끈한 반죽이 밀려 나옵니다. 반죽은 정확한 양으로 잘라내어 랩핑합니다.

면솥의 온도를 일정하게 유지하고, 정해진 물의 양에 맞게 가득 채웁니다. 분창 사이로 떨어지는 국수 가닥은 바로 펄펄 끓는 면솥으로 들어갑니다. 잘 삶아진 면은 지하수가 흐르는 냉수대에서 여러 번 씻기지요. 맑게 헹궈 건져낸 면은 밀가루로 만든 면처럼 뽀얗습니다. 코에 가까이 대보면 메밀 향이 은은하게 나는 듯하다가 사라집니다.

이제 매끄럽게 사리 지을 손이 기다리고 있습니다. 남편이 매 순간 머릿속에서 우직하게 그려냈을 둥근 모양이 종일 물에 불은 손을 통해 구현됩니다. 꽉 쥔 두 손 사이로 흐르는 물을 짜내고 나면, 그릇에는 어느새 아름다운 사리가 지어져 있습니다. 찰랑찰랑 육수가 스며든 메밀 면을 들어 꼭꼭 씹어봅니다. 구수함이 한껏 밀려듭니다.

우리가 추구하는 면의 식감은 부드러우면서도 탄력을 잃지 않아야 했습니다. 입에 착 감기면서도 꽉 들어차는 밀도를 지

4장 정성

음식은 사람에게서 나온다

니길 바랐습니다. 희미하고 흐릿한 이 맛에 더욱 집중하는 것
만이 맛의 차이를 알아보는 손님들께 보답하는 길이라고 생각
했습니다.

손님들은 점점 가치 있는 식당에 기꺼이 시간과 돈을 지불
하지요. 그 이유는 디테일에 있다고 믿습니다. 디테일이 맛을
좌우합니다.

반복에서 창조되는
나만의 것

남편은 새하얀 조리복으로 갈아입습니다. 손을 씻을 때는 손목까지 씻습니다. 10cm 높이의 두툼한 나무 도마가 쿵 하고 놓이는 소리는 국숫집의 하루를 알리는 신호 같지요.

오이는 씨를 완전히 제거하고 껍질도 깨끗이 벗깁니다. 무뎌질 틈 없이 늘 갈아놓는 칼이 한번 지나갈 때마다 오이의 단면은 청량한 빛을 냅니다. 껍질을 벗겨낸 배는 손의 규칙적인 움직임 횟수만큼 환한 반달로 바뀌고요. 이 고명들은 면 위에 사뿐히 올라앉습니다. 각 재료가 제 빛과 향을 품은 채 국수 한 그릇에 어우러지는 주방은 이 사람의 작은 세계 같습니다.

요리사는 단순한 일을 반복해야 합니다. 매일 양파와 마늘을 까고, 씻은 대파의 물기를 뺍니다. 무채도 썰어두어야 하고요. 소금, 고춧가루 같은 가루류는 죽 늘어놓고 계량하지요. 육수는 몇 시간 동안 불 조절을 하며 끓입니다. 식히고 다시 끓이기를 반복하는 동안 위에 뜨는 기름을 걷어내는 일도 계속됩니다.

돼지고기 수육은 여러 차례 나누어 삶습니다. 한 번에 다 삶아놓으면 맛이 없습니다. 절대 서두르지 말아야 합니다. 적어도 30분은 뜸을 들여야 속까지 촉촉한 수육이 완성됩니다. 곁들여 나갈 마늘과 고추는 얇게 저며 두고, 메주콩으로 직접 만든 쌈장도 준비합니다.

메밀을 빻고 반죽해서 국수를 내리는 일은 제일 중요한 작업입니다. 반복되는 이 동작이 주방의 일과 대부분을 차지하지요. 종일 면을 뽑고, 삶고, 헹구고, 남은 물기를 꼭 짜서 모양을 냅니다.

중간중간 산처럼 쌓이는 설거지는 기본입니다. 마감을 한 뒤에는 면 삶는 커다란 솥을 구석구석 닦습니다. 또한 반죽 기계의 나사를 다 풀어 분해한 다음 새것처럼 세척합니다. 전날 쓰던 반죽이 롤러에 끼어 있으면 위생과 맛에 미세한 영향을 주기 때문입니다.

사실 손님들이 기계를 직접 볼 수 있는 것도 아니고 크게 더러워지는 것도 아니니 그냥 넘어갈 법도 합니다. 하루도 빠뜨리지 않고 매일 이 작업을 해낸다는 것은 조금이라도 편해지고자 하는 마음과 싸워야 하는 일이에요. 이 작업까지 마쳐야 주방의 하루가 비로소 끝이 납니다.

어떤 작업을 묵묵히 반복하다 보면 근육 하나하나가 자동으로 반응하게 됩니다. 그리고 그렇게 몸에 밸 정도가 되었을 때 비로소 진정한 습득이 이루어져 자기만의 것을 만드는 경지에 이릅니다. 남편이 요리를 해온 과정을 돌아볼 때도 그런 생각이 듭니다. 남들이 따라 할 수 없는 자신만의 세계가 담긴 음식은 하루아침에 만들어지지 않았습니다. 하찮고 단순해 보이는 반복적인 노동이 무수히 쌓인 결과였지요. 이 사람이 보여준 진심의 힘이었습니다.

'사소하고 지루한 것의 반복으로 진심을 담는다.'

인생의 비밀은 어쩌면 여기에 있는지도 모르겠습니다.
9년 내내 하루도 빠뜨리지 않고 진심을 지켜온 이 사람,
언제까지고 그 어깨를 두드려주고 싶습니다.

4장 정성

음식의 흐름 대신
손님의 흐름 따르기

국숫집을 열 때부터 와주셨던 손님이 계십니다. 국수를 드셔보신 횟수로는 저희 다음일 정도로 각별한 손님이시지요. 음식 맛이 조금만 바뀌어도 금방 알아채주시던 분이었습니다. 제주도로 이사하신 뒤 한참 만에 다시 오신 그날도, 평소 즐겨 드시던 들기름막국수를 찾으셨습니다.

그런데 절반쯤 드시고는 갑자기 육수를 청해 면에 붓는 것이 아닙니까? 육수와 섞이면서 들기름이 둥둥 뜬 막국수의 낯선 모습에 놀라 여쭈었습니다.

"아니, 육수를 왜 여기다가 부으신 거예요?"

"한 중간쯤 이렇게 육수를 부어 먹으니 훨씬 맛있어요. 지루하지도 않고."

차가운 육수를 부으니, 면은 다시 또렷하게 되살아났습니다. 고기와 뼈, 채소를 끓이고 걸러내기를 여러 번 거친, 맑은 육수는 들기름과 만나 감칠맛을 뿜어냈습니다. 먹다 보면 면의 온도나 찰기가 달라지기 마련인데, 육수 덕분에 본래 맛의 힘을 회복해냈습니다.

아니, 전에는 미처 느껴보지 못한 아주 시원한 폭발이었지요. 손님과 막국수 이야기를 하는 것은 언제나 즐겁지만, 이날은 가슴까지 뛰었습니다. 들기름의 고소함을 실컷 즐기다가 육수의 맛으로 변화를 줄 수 있다니, 다른 분들에게도 얼른 맛보여드리고 싶었습니다.

손님과 대화하며 한 가지 더 깨달았습니다. 바로, 음식의 흐름보다 더 중요한 것은 손님이 그 음식을 드실 때의 흐름이라는 사실이었지요.

식당은 음식 맛이 제일 중요하니까, 최선을 다해 음식을 내었다면 손님이 그 음식을 드시고 감흥을 느끼지 않아도 어쩔 도리가 없는 걸까요? 손님의 상황을 보려 하기보다는 '지금

안 먹으면 맛없어지는데.' 혹은 '이렇게 먹지 않으면 맛이 덜한데.' 하고 걱정하며 손님보다는 자기 음식을 더 중요하게 여긴다면요?

저희도 그런 시절이 있었습니다. 맛 하나만 잡으면 당연히 손님들이 알아봐주고 선택해줄 거라고 믿었지요. 그때는 레시피에 대한 자부심으로 가득 차, 사람들의 평가가 미진하면 그들의 입맛부터 의심했습니다. 설탕이나 식초를 요청하는 손님이 계시면, 쟁반막국수나 후식용 냉면의 맛에 길들여진 분이라고 단정 짓고, 아쉬운 마음 없이 그냥 보냈습니다.

국수 한 그릇을 먹을 때도 저마다의 방식으로 흐름을 이어가시는 분들을 보면서 음식이란 그 자체가 목적이 아니라 먹는 사람의 것임을 알았습니다. 이를 계기로 손님에게는 맛보다 맛있게 먹는 경험이 중요하다는 점을 되새기게 되었습니다.

그 뒤로는 손님이 중심이 되었습니다. 손님이 끝까지 맛있게 드실 수 있도록 다양한 상황을 따져보고 변수를 관리했습니다. 특히 맛있게 드시는 방법을 안내하는 일은 빠뜨리지 않았습니다. 손님이 국수를 드시기 시작한 지 중반쯤 되면 신경이 쓰이기 시작합니다. 국수의 힘이 약해지지 않았을까 싶기도 하고 지금쯤 색다르게 드실 수도 있는데 하며 멀리서 지켜보면, 손님이 먼저 주전자를 찾으십니다.

"아, 삼 분의 일쯤 남았을 때 찬 육수를 부어서 먹으면 더 맛있다고 했지?"

그렇게 손님은 마지막 한 젓가락까지 맛있게 드십니다. 먼저 드셔본 손님들이 알려주신 방법이니까요.

예전에는 열심히 준비한 음식인데 손님이 받자마자 면을 가위로 자르면 안타까웠고, 먹어보기도 전에 식초나 겨자를 두르면 속상했습니다. 하지만 지금은 식초나 겨자를 찾는 분에게는 흔쾌히 갖다드리되, 일단 드셔보고 넣으시라고 슬쩍 말씀드립니다.

이렇듯 맛있는 음식을 내놓기만 하면 되는 것이 아니었습니다. 그 음식이 손님에게 잘 전달되어야 의미가 있었습니다. 언제 도정하고 몇 차례 제분한 메밀로 면을 뽑는지보다 더 중요한 것은, 손님이 맛있게 먹는 경험이니까요.

오늘도 손님의 흐름을 놓칠세라 바지런히 살핍니다. 국수 한 젓가락 남은 손님의 테이블에 김치 그릇이 비어 있습니다.

많이 주면 남기게 될까 봐 김치를 추가로 요청하지 못하고 그냥 서둘러 드시려고 하겠지요. 저도 그랬으니까요. 김치 두 조각만 딱 덜어서 얼른 갖다드립니다. 다른 테이블에서는 비빔 막국수를 나누려는지 젓가락이 바쁩니다. 가위만 갖다드리면 손이 모자라실까 봐 가위를 들고 다가가 조심스레 잘라드리기도 합니다.

'아, 우리가 김치 더 달라고 하려다 마음 접은 것을 알아차렸구나' '국수 나누느라 애쓰는 것을 봤구나' 저희 집을 찾아주신 손님들이 국수 한 그릇에 마음까지 든든하시기를 바랐습니다. 실제로 그런 경험은 '아, 그 막국수 맛있었는데' '부모님도 거기에 한번 모시고 갈까?'라는 생각으로 이어졌지요.

'어떤 음식을 얼마나 맛있게 만드는가'보다는,
'손님의 관점에서 얼마나 맛있게 드셨는가'라는 손님의 경험이 우선되어야 합니다.

그래야 이 집이 왜 잘되는지 알겠다며 끄덕이는 분이 더 많아지지 않을까요.

알면 더
맛있어지는 맛

갑자기 쌀쌀해진 어느 겨울, 옷깃을 여미며 냉면 집을 찾았습니다. 코트를 벗지도 않은 채 젓가락을 들었는데 면에서 메밀 향이 확 풍겨왔습니다. 입에 넣고 가만히 씹었더니 그 향이 깊게 퍼져나갔습니다.

주위를 둘러보니 종업원들은 평소와 다름없이 서빙을 하고, 옆 테이블의 손님들도 별다를 일 없다는 표정으로 냉면을 먹었습니다. 혼자서만 눈이 동그래진 것을 보고 남편이 말했습니다.

"오늘 진짜 맛있지?"

"응, 지난여름에 왔을 때보다 훨씬 맛있다."

"햇메밀이 들어왔나 봐."

그동안 수없이 맡아왔지만, 메밀 향이 새삼스럽게 각인되는 순간이었습니다.

메밀은 대개 늦가을에 수확합니다. 겨울은 햇메밀의 제철입니다. 막국수가 찬 음식이니까 여름에만 먹는다는 것은 고정관념일 뿐이었지요. 갓 수확해 향과 맛이 가장 뛰어난 메밀을 맛볼 수 있으니까요.

주인도 분명히 알고 있었을 겁니다. 수십 년간 해왔던 일이고 당연한 일이라 여겨 주목하지 않았겠지요. 그러니 굳이 손님에게 알릴 필요를 느끼지 못했을 수도 있을 테고요. 이렇듯 식당에는 주인만 알고 있는 정보가 있습니다. 그 겨울의 메밀 향은, 손님이 더 맛있게 드실 수 있다면 기꺼이 그 정보를 알리자고 결심하게 해주었지요.

기억을 더듬어보면, 어릴 적 엄마는 봄이 되면 꼭 냉이된장국에 달래 무침을 상에 올리셨습니다. 그러고는 "지금이 제철이야"라고 말씀하셨지요. 누군가 옆에서 조곤조곤 얘기해주면 같은 음식이라도 더 맛있게 느껴지는 마법 같은 순간이 찾아옵니다. 음식의 맛을 한순간에 달라지게 만드는 것은 다름 아닌 맛있게 만드는 말이었습니다.

　국수 한 그릇에 얼마나 섬세한 맛이 숨겨져 있는지, 같은 취향을 가진 사람들과 나누고 싶었습니다. 그리하여 메밀이 가장 맛있어지는 12월부터 '고기리막국수 햇메밀 축제'를 진행했습니다. 일상 속에 묻혀 있던 국수의 의미를 꺼내 손님에게 놀라움을 안겨드리고 싶었지요. '축제'라는 이름을 붙이게 된 것은 일상에 특별한 의미를 부여하고 싶어서였습니다.

　그렇게 국숫집에서 한 해의 시작은 1월이 아니라 햇메밀 축제가 시작되는 날이 되었습니다. 축제 기간에는 묵은 메밀과 햇메밀을 나란히 놓고 모양과 색깔을 직접 확인하실 수 있도록 비교해 보여드렸습니다. 갓 반죽해서 내린 햇메밀 국수의 빛깔이 어떻게 다른지도 알려드렸지요. 햇메밀 국수는 신선한 메밀 향이 짙고, 수분을 촉촉하게 머금고 있어 더욱 보드랍게 감긴다는 것도요.

　손님들은 한겨울에도 햇메밀 축제가 열리는 국숫집에 오셨습니다. 축제가 시작되면 손님들은 각자의 느낌과 생각대로 다양한 경험을 하셨고, 그 경험은 온·오프라인을 넘나드는 이야기가 되었습니다. 서로 모르는 사이니까 각자 따로 드셨을 텐데도, 햇메밀 축제라는 이름으로 마치 같은 시공간에서 먹은 것 같은 즐거운 기분을 함께 나누었지요. 메밀의 제철이 겨울이라는 사실은 손님의 입을 빌려 SNS를 통해 퍼져나갔습니다. 그 결과 평균 100일 동안 5만 명이 훌쩍 넘는 분들이 다녀가셨습니다.

물론 '막국수가 다 거기서 거기'라고 하더라도 사는 데 지장이 있는 건 아닙니다. 하지만 같은 집에서도 시기별로 메밀 맛에 차이가 난다는 것을 알아차리는 순간 우리 삶에 감탄이 찾아옵니다. 그 감탄은 작고도 소중해서 켜켜이 쌓아두어야 합니다. 행복과 맞바꿀 테니까요. 음식을 알고 먹는 것과 그냥 먹는 것은 사람의 마음을 다르게 만듭니다. 그 마음이 몸의 감각을 움직여 음식을 더 맛있게 느껴지게 하거든요.

이렇게 또 맛있는 이야기를 하고 있자니, 푸른빛 감도는 햇메밀 막국수가 먹고 싶네요. 정말 맛있거든요.

국숫집을 시작했던 건 사실 먹고살기 위해서였습니다. 그런데 어느 순간 돈을 벌기 위해서가 아니라 장사 그 자체가 주는 재미를 알게 되었지요. 새로운 손님이 오시는 게 신기했고, 한 번 오셨던 손님이 다시 오실 때 가장 짜릿했습니다. 그 재미로 '왜 어떤 손님은 다시 들러주실까' '무엇 때문에 또 오시는 걸까' 그 이유를 찾고 또 찾았습니다.

5장

여운

다시
찾게 되는
가게의 매력

다시 오고 싶은
식당만의 정서

국숫집을 시작했던 건 사실 먹고살기 위해서였습니다. 그런데 어느 순간 돈을 벌기 위해서가 아니라 장사 그 자체가 주는 재미를 알게 되었지요. 새로운 손님이 오시는 게 신기했고, 한 번 오셨던 손님이 다시 오실 때 가장 짜릿했습니다. 그 재미로 '왜 어떤 손님은 다시 들러주실까' '무엇 때문에 또 오시는 걸까' 그 이유를 찾고 또 찾았습니다.

그중 가장 인상 깊었던 건 '식당인데 식당 같지 않게 편안하다'는 단골손님의 말씀이었습니다. 한 번 왔을 때 편안했으니 괜찮았던 집으로 기억되고, 괜찮았다는 그 기억에 한 번 더 오게 되고, 그렇게 한 번 두 번 오다 보니 이제는 정이 들어서 안 올 수가 없다고 하셨지요. 맞아요. 손님들에게 가장 듣고 싶은 말은 편안함이었습니다.

그렇다면 식당에서 손님이 편안함을 느끼게 하려면 어떻게 해야 할까요? 집에 온 것처럼 편안하게 생각하시라고 수백 번 말한다고 되는 건 아니었습니다.

손님들은 눈치 보지 않아도 될 때 편안함을 느낍니다. 식당에 갔을 때 뭔가 부탁할 일이 생기면, 저는 죄송하다는 말부터 나옵니다. 식당에서 음식값에 포함된 서비스를 할 의무가 있다는 것을 알면서도 말이지요. 한두 명이 일하는 작은 식당이라면 일손이 부족하기 마련입니다. 벨을 누르고 기다리다가 성미가 조금 급하신 분은 물이나 음료를 직접 꺼내 가거나 모자란 반찬을 더 받으러 가지요.

반찬을 추가로 요청할 때 제 머릿속은 바빠집니다. '지금 반찬을 더 달라고 해도 되는 타이밍인가?' '유난스럽다고 귀찮게 생각하지는 않을까?' 등등. 주문을 받거나 다음 손님을 위해 테이블을 정리하는 일은 중요한 것 같고, 이미 주문을 마친 제 요청은 덜 급한 일처럼 여겨지지요. 어렵게 말을 꺼냈는데 흔쾌히 갖다주면 다행이지만, 직원이 제가 내민 접시를 휙 채가기라도 하면 기분이 착잡해집니다. 어떨 때는 반찬을 지나치게 많이 담아주는데, 이걸 다 안 먹고 남기고 가면 벌 받을 수도 있다는 생각까지 들고요. 감자볶음은 그나마 괜찮은데 잡채가 더 먹고 싶어지면 이건 더 달라고 해도 되는 반찬인지까지도 고민하게 되지요.

결국 손님이 원하는 것은 '작은 눈치라도 보지 않는 것'이라는 생각이 듭니다. 손님들이 식당을 찾는 이유는 편안함과 따뜻함을 느끼고 싶어서니까요.

국숫집에서는 손님이 추가로 반찬을 요청하실 때 '응당 요구하실 수 있다'는 표정으로 응대하는 것은 물론, 손님이 요청하시기도 전에 알아서 반찬을 갖다드립니다. 만약 김치가 부족해 보이는 테이블이 있다면, 새 접시에 김치를 담아 갖다드리지요. 그러면 대부분 "어, 저희 김치 안 시켰는데요?" 하고 놀라시는데, "조금 부족하실 것 같아서 미리 드렸어요"라고 말씀드리면 아주 고마워하십니다. 요즘은 손님이 놀라시지 않게 "김치 좀 더 준비해드릴게요." 하고 미리 살짝 말씀을 드려요. 손님이 요청할 때 반찬을 더 갖다드리거나, 요청하기 전에 갖다드리는 것, 모두 식당에서 당연히 해야 하는 일입니다.

부담을 갖지 않을 때도 손님은 편안함을 느낍니다. 세 분이 오셔서 수육 소짜와 중짜 중에 어떤 걸 주문할지 망설이는 분께는 작은 사이즈를 권해드립니다. 물론 그때마다 큰 사이즈를 주문해주기를 바라는 마음을 접어야 하지요. 눈앞의 이익을 놓치는 일이지만, 그렇게 해야 손님들이 저희를 믿고 다음에 또 오실 거라고 생각하니까요. 손님이 '아, 이 식당은 내 주머니를 생각해주는구나. 한 번 보고 다시 안 볼 사이처럼 내 뒤통수를 치지는 않겠구나'라고 생각하는 순간 돈으로는 사지 못할 신뢰가 쌓입니다.

"잘 먹었습니다"라는 손님의 말씀에도 다양한 의미가 있을 거예요.

인사의 뜻으로 하는 '잘 먹었습니다',

음식 자체가 맛있다는 뜻의 '잘 먹었습니다',

편안한 마음으로 맛있는 음식을 먹을 수 있었다는 의미를 담은 '잘 먹었습니다'.

저는 마지막의 '잘 먹었습니다'를 늘 듣고 싶습니다.

'눈치'의 반대말은 '편안함'이고, 편안해야 손님들이 계속 오실 수 있지요.

편안함,

단골을 만들고 싶은 식당이 반드시 갖추어야 할 정서입니다.

발 빠른 대응 이전에
공감의 말

오늘도 퇴근할 때까지 마스크를 썼습니다. 잠깐 식사하거나 화장실 가는 시간을 뺀다 해도 9시간 정도이고, 이게 당연한 일상이 된 지도 어느덧 1년이 되어갑니다.

코로나19가 대유행하면서 식당은 하루하루가 위기입니다. 하지만 생각해보면 위기는 항상 우리 곁에 있었습니다. 사스, 광우병, 메르스, 조류독감, 아프리카돼지열병에 이르기까지 외식업에 치명적인 사건은 늘 있었고, 그때마다 많은 동료가 애써 지켜온 자리를 잃었습니다.

2020년 1월 말, 코로나19 사태가 본격적으로 확산하면서 가장 먼저 감지된 것은 직원들의 흔들리는 눈빛이었습니다.

매일 늘어나는 확진자 소식은 국수를 내릴 때도 반찬을 담을 때도 요란한 진동과 함께 '긴급안전문자'로 전해졌습니다. 직원들은 애써 불안감을 감추고 이전보다 더 묵묵히 일했습니다. 하지만 본인들의 안전과 가족의 건강은 물론 식당의 매출 하락과 그에 따른 생계 고민으로 심경이 복잡했을 테지요. 저역시 막막한 심정을 누르고 어렵게 말을 꺼냈습니다.

"앞으로 더 심각해지더라도, 제가 어떻게든 손님들 오시게할 거니까 동요하지 마세요. 다만 각자 건강 챙겨가며 맡은 일만 지금처럼 해주세요."

눈물이 쏟아질 것 같아 얼른 자리를 뜨려는데 몇몇 직원이제 손을 붙잡고 한 번 꼭 쥐어주셨습니다. 그때는 다 같은 마음이었을 겁니다. 책임지겠다는 말, 같이 옆에 있어주겠다는약속. 그것만으로도 서로에게 얼마나 힘이 되는지요.

직원들에게 큰소리는 쳤지만, 2월을 기점으로 1차 대유행이 시작되면서 몇 주간 SNS를 통한 홍보 활동은 중단했습니다. 대구에 있는 동료들이 차례로 식당 문을 닫는다는 소식이들려오고, 심지어 마스크를 구하지 못해 발을 동동 구르고 있다니, 도저히 손님들에게 우리 식당에 오시라고 말할 자신이 없었습니다.

발 빠르게 대응하는 업장들은 소독과 방역을 했다지만, 그 상황에서 손님들께 오시라 하는 게 맞는지 판단이 잘 서지 않더라고요. 그저 "오늘 저희는 괜찮습니다. 당신은 괜찮으신가요?"라는 메시지로 손님들의 안부를 물었습니다.

그건 국수를 내어갈 때마다 보았던, 사람들 사이의 특별한 행동을 떠올렸기 때문일지 모릅니다. 손님 두 분이 앉으신 테이블에 가끔, 반죽 타이밍이 끊긴 탓에 국수 두 그릇이 동시에 나오지 않고 한 그릇만 먼저 나오는 경우가 있습니다. 나머지 한 그릇도 곧 나온다고 아무리 말씀드려도 먼저 나온 것을 상대방에게 건네주려고들 하시지요.

"당신부터 먹어."

"아유, 됐어요. 아까부터 시장하다고 하시더니만. 얼른 드세요."

"자, 우리 아들 먼저 먹어라."

"아버지부터 잡수셔야죠."

불과 몇 초, 길어봤자 몇 분인 시간을 두고 벌어지는 일입니다. 부부나 연인, 친구나 직장 동료 혹은 부모와 자식, 어떤 사이든지 서로 먼저 먹기를 권하는 모습에서 저는 사람의 내면을 봅니다. '나는 괜찮아, 당신 먼저'라는 말이 오가는 따뜻한 공간이라면, 사람들을 갈라놓으려는 바이러스도 물러설 날이 올 거라는 믿음이 있었지요.

한동안 손님들의 안부만 물었던 것은 이런 위기에 가장 불안을 느끼는 사람은 바로 손님이라는 것을 알았기 때문입니다. 지금 생각해보면 그때 한 호흡 쉬며 주변분들의 안부를 물었던 것이 '아, 이 식당은 팔려는 곳이 아니라 나를 먼저 생각해주는 곳이구나.' 하는 느낌을 주었던 것 같아요.

이렇듯 위기가 닥쳤을 때 가장 먼저 했던 일은 소독이나 방역이 아니라 공감의 말이었습니다. 직원과 동료 그리고 손님들에게 건네는 말. 우리에게는 서로의 마음을 다독여줄 시간이 필요했고, 그 시간을 보낸 뒤에야 각자의 일을 차근차근히 해나가기 시작했습니다.

금방 끝나겠지 하는 처음의 바람과는 달리 마스크를 쓰는 나날은 길어졌습니다. 사회적 거리두기가 일상이 되면서 위기와 함께 살아가는 방법을 터득해야 했습니다. 최대한 타인과의 접촉을 피했지만, 외부 활동을 완전히 끊을 수는 없었습니다. 재택근무를 하고 온라인 수업을 듣는 중에도 불가피하게

5장 여운

외식이나 쇼핑, 레저, 교통 서비스 등을 이용해야 할 때가 있었지요.

이런 이유로 코로나 이전처럼 새로운 곳을 찾아다니기보다는 이미 아는 가게를 방문하는 경향이 짙어졌습니다. 사람들은 자신을 지키기 위해 가급적 낯선 사람보다는 잘 아는 사람과 만났고, 낯선 식당보다는 잘 아는 가게로 발길을 돌렸습니다. '아는 가게'를 찾는 이유는 '신뢰'에 있었습니다. 손님이 우리 가게에 기대하는 위생과 안전을 보장하기 위해 일련의 체계를 잡아갔습니다.

우선 어려운 시기에도 찾아주시는 손님에게 필요한 것은 정서적인 허기를 달래는 일이라고 생각했습니다. 이곳까지 오신 분들에게 불안감을 안겨드릴 수는 없는 일이었습니다. 음식에서건 환경에서건 철저한 위생을 지키는 것, 재료와 식기의 선입선출을 지키는 것, 냉장과 냉동의 정해진 온도와 기간을 지키는 것, 동작이 바뀔 때마다 의식적으로 손을 씻는 것 등등. 당연하게 해왔던 이 모든 일에 더욱 집중할 때 손님에게 조금이라도 위안을 드리리라 생각했습니다.

손님이 오시면 가장 먼저 손이 닿는 순번 대기표 기계 옆에는 손 소독제를 비치했습니다. 물론 계산대 근처나 화장실, 주방 등에도 수시로 소독 스프레이를 뿌리고 닦았습니다.

한편 주방 직원들과 홀 직원까지 모두 마스크를 착용하게 되면서 어떻게 손님을 잘 응대할 수 있을지 고민이 되었습니다. 직원들은 오랫동안 마스크를 쓰고 있어 답답하고 숨이 막혀 불편한 데다가, 평소보다 큰 목소리를 내야 하는 게 힘들기도 했거든요. 그래도 우선은 마스크 착용을 독려하며 마스크를 지원했습니다. 사실 마스크를 쓰지 않았을 때는 입꼬리, 얼굴 전체 근육을 이용해 손님에게 이야기할 수 있었지요. 하지만 마스크를 쓰면 표정이 가려져 의도와 다르게 오해를 주거나 불친절한 인상을 드릴 수도 있었습니다. 그래서 다들 눈으로 표정을 전달하려 애썼습니다. 눈가주름이 더 늘어도 좋았습니다. 마스크 너머로도 타인에게 따뜻한 눈빛을 보낼 수 있다는 것을 코로나를 겪으면서 배웠습니다. 손님과 더욱 자주 눈을 마주칠 수 있던 것도 큰 기쁨이었지요.

손님들께도 마찬가지로 마스크를 착용하고 입장해주시기를 간곡하게 부탁드렸습니다. 초기만 해도 깜박 잊는 분들이 계셨으므로, 미착용 시 출입이 제한된다는 메시지를 미리 문자로 발송하고 입구에 인쇄물을 부착했습니다.

공용 젓가락 통도 바꾸었습니다. 코로나가 아니었다면 다른 사람이 사용할 젓가락에 내 손이 닿은들 무심코 넘겼을 테지요. 빈틈없이 위생을 챙기고자, 공용 젓가락 통을 없애고 일회용 젓가락을 가져다두었습니다. 또한 소독을 위해 하루에 몇 차례 테이블을 알코올로 닦았습니다. 살균 세탁하여 재사용해오던 행주 대신, 일회용 행주로 바꾸어 오염된 것은 버리기 쉽게 조치했고요.

여러 안전 수칙에 익숙해졌을 때까지도 바이러스는 사그라들 기미가 없었습니다. 전국 단위의 사회적 거리두기는 금세 2단계로 격상되었지요. 실내에 계신 손님들께 음식이 나올 때까지 계속 마스크를 써주십사 부탁드렸습니다. 복도나 화장실을 이용할 때는 물론, 식사가 끝나 자리에서 일어나실 때도 마스크를 착용해달라고 안내했고요. 줄 서서 기다리는 손님이 여전히 많았지만, 테이블 한 줄을 과감하게 비웠습니다. 공간을 비우는 대신 손님의 안전을 채우고자 했습니다. 덕분에 한 달 평균 약 3만 명이 드나드는 공간임에도 무사히 이 기간을 보낼 수 있었습니다.

사회 전체의 노력이 무색하게도 확진자가 크게 늘어난 2020년 8월 말, 정부는 수도권에 사회적 거리두기 조치를 2.5단계로 강화해 적용했습니다. 다중이용시설 이용에 관한 정부 지침에 따라, 손님들은 명부를 작성하고 손 소독을 하며 설치해둔 안면인식 체온측정기를 통해 서로의 안전을 보장받습니다.

모두가 비대면의 시대를 말합니다. 하지만 비대면이 강조될수록 대면의 욕구는 강해지고, 좋은 대면 경험이 주는 느낌은 강렬해지는 것 같습니다. 사랑하는 사람과 함께 음식을 먹는 시간은 더 소중해질 테지요. 음식은 사람과 사람 사이에 행복감을 전하는 매개체니까요.

이런 시기에 제가 하고자 하는 식당은 어떤 곳인지 생각해봅니다. 지치고 두려운 상태에서도 찾아주시는 손님 한 분 한 분에게 더 집중하는 것이 식당의 존재 이유임을 다시 새깁니다. 따뜻한 위로를 담아낸 막국수 한 그릇으로 손님이 잠깐이라도 위안을 얻을 수 있다면 더 바랄 것이 없겠습니다.

코로나19라는 전대미문의 위기에도 여전히 손님으로 발디딜 틈 없는 날을 보내고 있습니다. '내가 아는 가게는 가도 괜찮을 거야. 만약에 무슨 일이 생겨도 아마 함께 고민해줄걸?' 하고 믿어주시는 손님들 덕분이지요.

오늘도 마스크 쓰고 일상을 지키느라 다들 애쓰셨어요. 좋은 날이 돌아올 거예요. 식당이나 가게를 운영하시는 동료 사장님들께도 정말 고생 많으시다는 응원의 말을 전하고 싶습니다.

5장 여운

오랜만에 와도
바뀌지 않아야 할 것

"1년 만인데도 변한 게 없네요. 막국수 맛도, 직원분들도 다 그대로라서 좋아요."

오랜만에 찾아주신 손님과 이야기하다가 새삼 놀랐습니다. 직원이 바뀌지 않는 것을 눈여겨보시는 손님이 계신다는 점 때문에요.

식당을 운영하다 보면 직원에 관한 고민이 끊이지 않을 거예요. 국숫집은 직원들의 근속 연수가 긴 편이지만, 저와 남편 역시 고민이 많습니다. 아니, 더 열심히 고민해서 매일 조금씩 더 나은 방향으로 나아가고자 합니다. 사실 첫 가게에서 실패한 경험 덕분에 직원들과 어떻게 함께해야 하는지를 배운 것이 큰 도움이 되었습니다.

이자카야를 창업할 당시, 일본 현지에서 배워온 정통 요리 방식은 물론 가게 운영 및 서비스 문화까지 한국에서 구현해 보려는 목표가 있었습니다. 목표 의식이 너무 강했던지, 직원들이야말로 우리의 꿈을 가장 잘 이해해줄 거라고 믿었고, 우리의 꿈을 실현하는 데 기꺼이 동참해주리라고 기대했습니다. 가게를 오픈하기도 전에 직원들과 일본 연수를 다녀오고, 오픈 뒤에도 워크숍이라는 이름으로 휴가를 가고, 생일마다 파티도 했지요. 영업이 새벽에 끝나는 특성상 회식도 자주 했고요. 이렇게 허물없이 지내다 보면 의리도 생기고 소속감도 커져 직원들이 우리 가게의 목표를 위해 노력해주리라고 생각했습니다.

하지만 운영이 어려워지면서 월급이 하루 이틀씩 밀리는 상황이 종종 생겼습니다. 제날짜에 월급을 주지 못한 날, "직원들 눈빛이 달라. 차가워." 하고 말하던 남편의 상심한 얼굴이 아직도 기억이 납니다. 성실했던 직원들이 그렇게 하나둘씩 떠날 때마다 경기를 탓하기도 하고, 떠난 사람의 변한 마음을 탓하기도 했습니다. 하지만 직원들에게 절실한 건 가족을 위한 생활비, 딸아이 학원비, 매달 갚아야 할 대출 이자였지요. 직원들이 어떤 경우에도 식당의 비전을 온전히 자기 것으로 여겨주길 기대하기는 정말 어려운 일이고, 그것을 강요해서도 역시 안 되었습니다. 비전을 제시하기보다 기본적인 생활을 보장해주는 것이 사장의 본분임을 깨달았을 때는 이미 가게 문을 닫은 뒤였습니다.

그때의 실패를 경험 삼아 국숫집 직원들과는 새로운 원칙을 만들었습니다. 국숫집이 안정되고 나서 남편과 가장 먼저 정한 건, 비전으로 직원을 끌고 가는 게 아니라 '당장 오늘 더 나누기'를 실천하는 것이었습니다.

우선은 직원 모두에게 다달이 급여를 주되, 거기에 4대 보험은 기본이고, 인센티브까지 줌으로써 안정적으로 일하도록 도왔습니다. 물론 이런 시스템은 여러 차례의 임금 인상과 지급 방식의 변경을 거듭하며 자리 잡았지요. 처음에는 인센티브를 한 주마다 주었고, 한 달 치 합산한 금액이 50만 원 이상 되었을 때부터는 달마다 주는 것으로 바꾸었습니다. 이 시스템은 계절에 따라 매출 차이가 크게 나거나 손님이 뜸해지면 급여가 갑자기 줄기도 하는 식당 종업원의 일반적인 고충을 보완해주었습니다.

최저임금이 급격하게 오른 2018년에도 고용 불안을 느끼지 않도록 힘썼습니다. 하루 일당으로 급여를 받으시던 이모님들도 이때 정규직으로 채용했습니다. 또한 최저임금 상승으로 오래 계셨던 경력 직원과 새로 오신 직원 간 임금 차이가 크게 줄자, 오래 일하신 경력 직원의 급여부터 올렸습니다.

이렇듯 성과를 내는 만큼 이익을 나누는 시스템을 도입하자, 잦은 회식이나 외국 연수 없이도 직원들의 사기가 올라갔습니다. 덕분에 직원들은 '어떻게 하면 우리 식당이 더 잘되게 할 수 있을까'를 자연스럽게 고민하게 되었지요. 이는 분명 '나중에 잘되면 더 많이 드릴게요'라는 장밋빛 약속을 했을 때보다 직원의 동기를 북돋는 데 더 큰 효과가 있었습니다.

예를 들어, 당시 새신랑이 된 직원은 결혼식 때 영상을 찍는 데서 힌트를 얻어, 국숫집이 이사 갈 새집을 짓는 과정을 영상으로 남기자는 근사한 아이디어를 냈습니다. 이 영상은 지금도 국숫집에 설치된 모니터를 통해 손님들에게 흥미로운 이야깃거리를 제공하고 있고요.

회전율을 높이는 방법을 주인인 저보다 더 열심히 연구하는 직원도 있습니다. 손님이 들고 나는 흐름을 알 수 있게 테이블 배치를 효율적으로 바꾸고, 곧 자리가 생길 곳을 빠르게 파악했지요. 또 계산하는 손님이 몰려 다음 손님을 자리로 모시는 일이 지체될 것 같으면 한발 앞서 손님을 안내합니다.

그 외에도 대부분의 직원이 누가 시키지 않아도, 또 자신의 주 업무가 아니더라도 업무의 공백이 없도록 바삐 움직입니다. 테이블 정리를 끝내고 단 몇 분이라도 손이 비면 주방 뒤쪽으로 가서 밑반찬을 담아내기도 합니다.

이렇게 보면 국숫집 직원들은 분 단위로 움직이는 것 같습니다. 이렇게 할 수 있는 원동력은 자신이 성실하게 일하는한, 아무리 큰 경제 위기가 닥쳐도, 정부 정책이 수시로 바뀌어도 적어도 이 식당은 나를 저버리지 않을 것이고, 내 가족들을 먹여 살려줄 것이라는 믿음 때문이겠죠.

'직원은 늘 안정을 바란다. 사장은 이윤보다 직원 급여를 먼저 챙겨주어 직원이 생활하기에 힘들지 않게 해야 한다.' 제 아버지의 말씀입니다. 최저임금심의위원회가 설립되었을 때부터 10년간 위원으로 일하시면서 아버지는 늘 강조하셨지요. 인간의 존엄을 지키고 최저 생계를 보장하기 위해 놓치지 말아야 할 것은, 사람이 사람답게 살 수 있는 삶의 질을 일정 수준 이상으로 보장해주는 것이라고요.

아버지는 이 나라 노동자들의 존엄을 지키기 위해 평생을 애쓰셨지요. 딸과 사위는 국숫집을 하니까요, 국숫집 직원과 그 가족들의 존엄을 꼭 지켜내도록 하겠습니다.

특별한 날
오고 싶은 식당

벚꽃은 떨어지고 푸른 새잎이 여기저기 돋아나던 어느 봄날. 등산을 다녀왔음 직한 아저씨 손님들은 시원한 막걸리로 땀을 식히고, 놀이공원에 다녀온 엄마 손님은 더 놀고 싶어 칭얼대는 아기를 달래었습니다. 방금 막 앉은 손님들은 비빔막국수, 물막국수, 들기름막국수에 사리까지 누가 무엇을 먹을지를 두고 열띤 토론까지 벌였습니다. 정겨운 소리로 북적이는 국숫집에서 다들 막국수를 먹고 있었지요.

그때 등장하는 한 커플이 눈에 띄었습니다. 여자 손님이 구두를 벗고 들어설 때 남자 손님이 손을 살짝 잡아주는 순간부터, 국숫집은 이탈리안 레스토랑으로 바뀌었습니다. 두 손님이 앉은 6번 테이블에서만큼은 면수가 웰컴 드링크로, 수육은 안티파스토(파스타 전에 먹는 전채 요리)가 되었지요. '들기름막국수 1그릇, 비빔막국수 1그릇'이 출력된 주문서를 받아 든 주방도 덩달아 들떴습니다.

"실례합니다. 들기름막국수 나왔습니다."

주문한 음식이 나오며 두 분이 서로를 바라보는 눈빛을 잠시 거두어야 했기에, 그 순간 저는 '실례한다'고 진심으로 말했습니다. 여자 손님은 오일파스타를 먹는 듯, 들기름막국수를 젓가락으로 조심스레 감아올렸습니다. 남자 손님은 혹시 양념이 튀지 않을까 우아한 손짓으로 비빔막국수를 비볐습니다. 서로에게 조심스러운 마음을 그렇게 내보이듯, 두 손님은 자신들만의 속도로 막국수를 즐겼습니다.

마침 흘러나오던 비발디의 〈사계〉 중 '봄'의 제1악장 알레그로는 들리지 않았을지도 모릅니다. 그 두 분은 차가 막혀도 하나도 지겹지 않은 마음, 줄 서는 집에 밤새워 기다린다 한들 즐겁기만 한 마음, 그 마음만으로 식당 안팎에 가득한 사람 중에 서로만 보이는 기적을 체험했겠지요. 특별히 돌체(디저트)는 제가 준비했습니다. 가게에서 판매하는 달콤한 통밀 강정을 손에 들려 보냈지요.

그로부터 1년 뒤, 반가운 소식 하나가 날아들었습니다.

— 그때 함께 왔던 그녀와 결혼합니다. 막국수 덕분이에요.

그 남자 손님은 맛있는 막국수로 그녀의 마음을 사로잡았다고 고마워하며 초대장을 보내주셨습니다. 국숫집에서는 사랑이 이루어지기도 합니다.

젊은 부부 손님은 결혼 7주년을 기념해 국숫집에 오셨다고 했습니다. 누구에게나 특별한 결혼기념일에, 비싸고 격식 있는 식당 대신 국숫집을 찾아주셨습니다. 누가 먼저 제안했는지는 몰라도 상대방의 제안에 흔쾌히 동의하고 서로가 선택한 식당의 가치에 공감했을 분들입니다.

사실 오랫동안 봬왔던 가족입니다. 갓난아이는 이제 일곱 살이 되었고, 업혀 있던 큰아이는 초등학생이 되었고요. 아내가 좋아하는 비빔막국수, 남편이 좋아하는 물막국수, 사랑스러운 두 아이를 위한 어린이막국수를 함께 먹으며 잊지 못할 추억을 쌓은 날, 이런 날들이 모이고 또 모여야 앞으로 펼쳐질 긴 결혼생활을 유지하고 지속할 힘이 될 테지요.

다시 찾게 되는 가게의 매력　　　　　　　　**273**

5장 여운

가정의 달 5월이 되면 국숫집에 왈츠의 물결이 이어집니다. 두 손을 맞잡거나 한 손을 얹고 입장하는 길고 아름다운 왈츠 행렬에, 엄마 손님은 한 발을 앞으로 내미는 스텝을, 아들 손님은 무릎을 살짝 구부리며 한 발을 뒤로 하는 스텝을, 그 둘이 복도에 들어서면 옆으로 나란히 서서 스텝을 밟고요. 마지막 동작으로 엄마 손님은 아들 손님의 리드에 따라 미끄러지듯 자리에 앉습니다. 큰아들은 엄마 모자를 예쁘게 고쳐 씌워 드리고, 작은아들은 국수를 드시다 흘려도 아무 걱정하지 마시라고 앞치마를 조심스레 입혀드립니다.

아들들이 어렸을 때 엄마는 아들의 유치원 모자의 밴드를 걸어 씌워주고, 밥 먹을 때도 얇은 가제 수건을 둘러주셨을 테지요. 지금은 아들이 손 맞잡고 이끌어주는 국숫집으로 스텝을 밟습니다. 아들 손님이 아이였을 때 엄마의 손을 잡고 다녔듯, 이제는 아들이 엄마의 손을 잡고 좋은 곳으로 모십니다.

특별한 날이면 무료 메뉴를 제공하거나 할인을 적용하는 등 이벤트를 내거는 식당이 많습니다. 그러고는 매출이 얼마나 늘었는지에만 관심을 가집니다. 하지만 이벤트를 하기보다는, 특별한 날에 올 수 있는 식당, 특별한 날에 오고 싶은 식당이 되는 게 먼저라고 생각합니다.

첫 데이트에, 결혼기념일에, 어버이날에 국숫집을 찾아주신 손님들 '덕분에' 국숫집은 특별한 공간이 되었습니다. 국수는 사람 사이를 이어주는 끈이 되어주기도 합니다.

꿈같은 시간을 보내실 수 있도록 부드러우면서도 단단한 국수 준비할게요.

손님과 함께
흐르는 시간

민준이가 왔습니다. 흰 피부에 검은 뿔테 안경, 장난기 어린 동그란 눈, 넓은 이마는 멀리서도 한눈에 알아볼 수가 있었습니다.

"저 왔어요!"

자기 집에 온 듯 익숙하게 신발을 정리하고 돌아서던 민준이는 테이블에 앉기도 전에 "오늘은 비빔막국수 먹을 거예요." 하는 말로 반가운 마음을 대신합니다. 뒤이어 민준이 부모님이 밝은 표정으로 들어오십니다.

손님을 맞으면서 늘 표정을 살핍니다. 말보다 표정에 더 많은 것이 담겨 있을 때가 많기 때문입니다. 기분은 어떠신지, 어떤 생각을 하시는지를 헤아린 뒤, 어떻게 응대하면 좋을지 제 마음을 가다듬어봅니다. 때로는 말없이 안색만으로 그 마음을 읽어드리는 게 더 좋은 경우도 있거든요.

그중에서도 민준이네 가족을 특별히 살피는 이유가 있습니다. 벌써 6년 넘게 단골손님인 민준이는 처음 봤을 때 초등학교에 갓 입학했었지요. 그때 민준이는 머리카락이 하나도 없었습니다. 학교를 쉬어가며 항암치료를 받고 나면 어김없이 국숫집에 들렀지요. 물막국수를 유난히 좋아하는 아이가 한동안 오지 않으면 다시 입원했나 보다 생각하며 기다렸습니다.

어느 날 국숫집 문지방을 넘는 민준이 표정이 어두웠습니다. 그날따라 치료가 힘들었는지 예민해진 데다가 화도 많이 나 있었습니다. 씩씩하게 인사도 잘하던 녀석이 모자를 푹 눌러쓴 채 고개도 들지 않았지요. 그날은 몇 젓가락 먹지도 못했습니다. 퇴원하면서 막국수를 먹고 싶다고 해서 여기까지 데려왔을 텐데, 막상 음식을 앞에 두고도 차마 먹지 못하는 어린 자식을 보는 부모님의 마음은 어땠을지요. 민준이가 입원과 퇴원, 통원치료를 반복하는 몇 년간, 국숫집을 찾은 민준이와 엄마 아빠의 표정으로 아이의 건강을 가늠했을 뿐, 묻지도 못

하고 그저 한쪽에서 가슴을 졸였더랍니다.

국숫집을 하다 보면 아기 손님이 어느덧 어린이막국수를 먹는 광경을 봅니다. 어린이 손님이 훌쩍 커서 어른 몫을 시켜 먹는 것을 보기도 하고요. 이럴 때 세월의 흐름을 느낍니다. 때로는 아프셨던 손님이 시간이 지나 건강해진 모습을 보기도 하지요. 서로 말하지 않아도 낯빛으로, 표정으로 알아차릴 수 있는 정말 귀한 경험입니다.

오늘 민준이는 비빔막국수 한 그릇을 거뜬히 비워냈습니다. 구불구불하고 풍성한 머리숱을 보니 너무 만지고 싶었습니다. 민준이 머리카락을 한 올 한 올 만져보기도 하고 여러 번 손바닥으로 쓰다듬으면서 생각했습니다.

'국수 장사하길 잘했다, 잘했어.'

민준이 가족이 앉은 테이블에는 눈물, 아픔, 위안, 희망, 기쁨의 감정이 온통 뒤섞여 있었을 테지요. 민준이네 가족이 돌아간 뒤 저도 그 자리에 가만히 앉아봅니다. 한 그릇의 국수가 힘든 투병 생활에 위로가 되고 조금이나마 힘이 되어줄 수 있었기를. 참 풍성한 하루였어요.

평범한 식당이
특별해지는 순간

"내가 그의 이름을 불러주었을 때 그는 나에게
로 와서 꽃이 되었다."

김춘수 시인의 〈꽃〉이라는 시를 아시지요? 저도 학창 시절
에 몇 번이고 되뇌었던 구절입니다. 그때는 선생님의 설명을
들어도 잘 몰랐지만, 식당을 하고 보니 이름의 의미를 새삼 떠
올리게 되더라고요. 되돌아보면 국숫집을 해온 것은 하나의
이름을 갖기 위한 작은 역사였던 것 같습니다.

국숫집이 처음부터 이름이 있었던 건 아닙니다. 문을 열었

을 때는 기술을 전수받은 곳의 '장원막국수'라는 이름을 그대로 사용했습니다. 특별한 이유는 없었어요. 부끄럽지만 이름에 대해 별다른 생각이 없었다고 말하는 게 정확하겠지요. 당시 저에게 가게의 이름이란 그저 간판이었거든요. 그래서 기술과 함께 이름도 받았습니다. 이름의 중요성을 모르던 시절이었습니다.

실은 이름에 신경 쓰지 못했던 또 다른 이유가 있었어요. 저희 머릿속에는 온통 잘해보겠다는 생각으로만 가득 차 있었습니다. 이 식당에 운명이 걸려 있었으니까요. 또 실패한다면 우리 가족의 미래가 어떻게 될지 모를 일이었지요. 그래서 다시 망하지 않기 위해 온 힘을 다했습니다. 식당 운영에만 매진하다 보니 정작 이름에는 신경 쓰지 못했습니다. 이름이야말로 식당의 첫 단추임을 그때는 알지 못했지요.

비록 고기리막국수가 아닌 장원막국수의 날들이었지만, 그 몇 년간은 저희에게 애틋한 기억으로 남아 있습니다. 정말 치열하게 노력했거든요. 식당 운영에 관해 여러 가지를 공부하고 깨달아 온몸으로 흡수하던 시절이었습니다. 그런 몇 년간의 성장이 있었기에 지금의 고기리막국수가 있다고 생각합니다.

먼저, 음식 자체를 본질적으로 이해할 수 있게 됐습니다. 막국수를 많이 만들어보고 틈만 나면 먹으러 다니다 보니, 분별력이 생기기 시작했습니다. 뭔가를 덮어 맛을 내기보다는 재료의 장점을 부각시키는 것이 맛있는 막국수를 만드는 방법이라는 확신이 생겼지요.

재료의 품질에 관해서도 큰 깨달음을 얻었습니다. 재료의 장점을 돋보이려면 품질을 높여야 하고 품질을 높이기 위해서는 재료를 보는 눈을 길러야 했습니다. 이 과정에서 품질을 관리하는 노하우도 배웠습니다. 수확한 메밀을 보관하는 법 역시 이때 체득했지요. 통관 후 들어오는 메밀은 국숫집에 도착하기 전까지 저온에서 보관하기로 제분 회사와 계약했고요. 도정된 지 일주일 이내의 메밀쌀을 사용하는 원칙도 이 기회에 다시 굳혔습니다.

이렇게 맛의 본질, 좋은 재료와 관리 방법을 알게 되고, 그것을 실제로 시행하기 시작하자 더 맛있는 막국수를 만들 수 있었습니다. 이러한 노력을 통해 국숫집은 점점 자리를 잡아갔습니다. 그러다가 〈수요미식회〉 출연 제안이 들어왔지요. 출연을 결정하고 식당이 전국적으로 알려지면 막국수 시장도 커질 수 있으리라 생각했습니다. 개인적으로는 지난 몇 년간 고생한 것의 보상처럼 느껴지기도 했습니다.

방송 출연을 성공적으로 치른 뒤, 그동안 우리가 걸어온 길과 전과 달라진 모습을 찬찬히 들여다볼 기회가 생겼습니다.

국숫집은 시작할 때의 모습과는 완연히 달라져 있었습니다. 간장, 고춧가루, 메밀 등 모든 재료를 더 좋은 것으로 바꿨고, 재료의 보관과 활용 역시 처음과는 완전히 다른 방식으로 해나갔지요. 위생에 관해서도 더 철저해졌음은 물론이고요. 믿지 않으실지도 모르지만 이렇게 바꾼 것들이 어림잡아 100가지는 되었습니다. 거기에다 '들기름막국수'라는 독창적인 메뉴까지 개발해놓은 상태였습니다.

지난 시간의 치열했던 고민과 노력은, 결국 '우리'의 식당을 완성하기 위한 과정이 아니었을까요. 이미 자리 잡은 어느 가게의 기술을 받아 식당을 시작했지만, 그 후 여러 시행착오를 거치며 저희만의 그림을 그려왔다는 걸 알게 되었습니다.

그러자 자연스럽게 이름을 바꾸어야겠다는 생각이 들더군요. 지금이야말로 완전히 독립해야 할 시기라고 여겼습니다. 하지만 콘셉트 없이 그저 예쁜 이름은 금방 왔다가 금방 가버릴 것이었지요. 우리의 이름을 무엇으로 할지 아무리 생각해봐도 도저히 떠오르지 않는 나날들이 계속되었습니다. 이름을 짓는 건 간판 하나를 새로 다는 것과는 완전히 다른 일이었습니다.

객관적인 시선을 갖기 위해 다른 집을 끊임없이 다녔습니다. 그러던 어느 날, 차별화된 요소 하나 없는, 불분명한 느낌의 냉면을 맛보게 되었지요. 문득 '이건 내가 이곳에 꼭 와야

5장 어운

하는 이유를 주지 못하는 냉면이다'라는 생각이 들더라고요.

우리는 그냥 우리답게 가면 될 일이라는 생각이 더욱 또렷해졌습니다. 앞으로도 생길 비슷비슷한 집들과 경쟁하는 것이 아닌 우리다움을 더 굳혀 이 자리에서 우뚝 서는 것, 다른 곳이 아닌 이곳에 올 수밖에 없는 이유를 층층이 굳건하게 만들어내는 것, 세상에 하나뿐인 막국수를 만드는 것이 앞으로 우리가 해내야 할 일이었습니다.

정확한 시점은 모르지만 언젠가부터 손님들이 '고기리'라는 말을 앞에 붙여주셨습니다. 식당의 이름이란 우리를 담을 수 있는 그릇이라고 믿었습니다. 끊임없이 고민한 끝에 드디어 '고기리막국수'라는 이름을 세상에 내놓게 되었습니다.

손님들이 이름을 불러주실 때부터 이미 고기리막국수는 시작되었습니다. 이름 짓는 기간만 3년이라는 시간이 걸렸습니다. 이름에 어떤 걸 담을 수 있을까 하는 고민과 더불어 보다 나은 맛을 위한 노력을 해나가다 보니 점점 더 많은 손님이 오셨습니다. 식당에 이름이 생겨나고 이름에 의미가 생기자 손님들도 하나둘 화답을 해주셨습니다. 그중에는 각자의 방식으로 식당에 애정을 표현하는 분들이 계셨습니다. 아주 근사한 그림으로 말이지요.

막국수를 좋아해서 만들기 시작했다는 요리사는 메밀을 반죽하느라 이마에 땀방울이 송골송골 맺혀 있습니다. 보기만 해도 시원한 물막국수, 단아한 사리 위에 단정하게 쌓아 올린 고명이 시선을 끄는 비빔막국수에는 반달 같은 배 한 조각이 살포시 미소를 띱니다. 들기름막국수 위에 뿌려진 김 가루는 바스락하는 재밌는 소리를 낼 것만 같고, 윤기 흐르는 수육은 마지막 한 점까지 따뜻하고 촉촉하도록 서로 포개어진 채 접시에 담겼습니다. 오, 누군가 종종걸음으로 국수를 나릅니다. 긴 머리 휘날리며 걸음을 재촉하는 그녀는 분명히 저 같은데 실제보다 더 크고 아름다운 눈을 지니고 있네요.

국숫집 단골손님 김상엽 님의 그림입니다. 그림에는 그리는 사람의 관점이 담긴다고 하던데, 국숫집에 대한 애정이 구석구석 숨 쉬고 있는 느낌입니다. 식당 한쪽에 갤러리처럼 그림을 전시해두니 그 앞을 지날 때마다 저절로 미소가 지어집니다. 제가 작품 속 주인공이라니 민망하기도 하지만 좋아서요. 가끔 어린이 손님이 그 그림을 보고 있으면 "여기 아줌마 있네." 하고 자랑하기도 합니다.

국숫집에는 자랑하고 싶은 그림이 더 있습니다. 국숫집 손님 중에는 소위 '금손'인 분이 많아서요. 국숫집 풍경을 수묵

화처럼 붓으로 쓱쓱 담아주신 분이 있는가 하면, 벤치에 앉아 기다리는 손님의 평온한 순간을 그려 페이스북에 올려주셨던 분도 계셨습니다. 김정헌 손님은 스케치한 그림을 집으로 가져가 곱게 색까지 입혀 보내주셨지요. 굵은 나뭇가지와 텐트를 크로키해주신 김성민 손님 내외 덕분에 마당이 아름다워지기도 했습니다.

스페인의 바르셀로나에는 피카소가 직접 그림을 그려주었다는 식당이 있습니다. 피카소의 그림은 아직도 메뉴판을 장식하고 있을 뿐 아니라 식당 내부에도 전시되어 있다고 합니다. 이 이야기를 들으면 피카소가 얼마나 그 식당에 애정을 품고 있었는지 짐작이 됩니다. 또 오랜 세월이 지났어도 여전히 그림을 간직하고 있는 그 식당은 도대체 어떤 곳일까 궁금해지기도 하고요.

제게는 손님들이 그려주신 그림 모두 피카소 못지않은 작품들입니다. 어떤 마음으로 그려주셨는지 생각하면 제 마음속에 감사 이상의 뭉클함이 생깁니다.

고기리막국수라는 이름은 저희와 손님이 같이 지은 것입니다. 손님이 이름 붙여준 식당, 손님이 그려준 식당의 주인이라 행복합니다.

#97
용인 고기리장원 막국수   2017.6.24 가전헌

들기름막국수
2.0

사회적 거리두기가 2.5단계까지 강화되었다가 완화되는 사이, 손님들로부터 메시지를 받았습니다. 시기가 시기인 만큼 오고 싶어도 오지 못한다는 분들이 계셨지요.

— 어머니께서 거동이 자유로우실 때 한 번 더 모시고 가고 싶은데 발걸음이 떨어지지 않네요. 요즘도 줄이 긴가요?

— 집에서도 자꾸 생각나서 메밀 면 사다가 간장하고 들기름 넣고 만들어 먹어봤어요. 국숫집에서 먹던 그 맛은 안 나지만, 비슷하게나마 맛볼 수 있어서 좋더라고요.

— 남편과 아이들이 맨날 막국수 먹으러 가자고 하는데, 코로

나 끝나면 같이 갈게요.

오늘도 막국숫집에 많은 손님이 오셨습니다. 마음 같아서는 전부 모시고 싶지만, 아쉽게도 식사하고 가시는 분보다 발길을 돌리는 분이 더 많은 형편입니다. 죄송한 마음은 늘 가지고 있었습니다. 그런데 코로나19 탓에 오시지 못하는 손님들을 더 절실하게 떠올릴 수 있었습니다. 고기리막국수가 있게끔 해주신 손님들께 이제 무엇을 해드릴 수 있을까 한 번 더 고민해야 할 시기라는 생각이 들었습니다.

국숫집에서 가장 사랑받는 메뉴인 들기름막국수는 식감, 향, 맛 등 다양한 요소에 걸쳐 수많은 시도와 연구를 거듭한 끝에 탄생했습니다. '메밀만으로는 도저히 그런 식감이 나올 수 없으니 혹시 창고에 전분이라도 숨겨두었나 의심할 정도다'라는 평까지 들을 만큼요. 이런 들기름막국수를 집에서도 편하게 드실 수 있는 방법을 찾는다면, 비대면의 시대에 손님들에게 조금이나마 보답할 수 있겠다고 생각했습니다.

그러면서 국숫집의 생각을 잘 구현해줄 기업을 떠올렸습니다. 식품의 품질을 생각하고 소비자의 웃는 모습을 그려낼 수 있는 기업, 바로 오뚜기였습니다.

오뚜기는 우리에게 낯설었던 외국 제품을 처음 접하게 해주었습니다. 카레, 수프, 케첩, 마요네즈 말이에요. 오뚜기 로고가 새겨진 케첩병은 마치 주방의 소품 같았지요. 만나기도 전에 이미 친숙한 회사였습니다.

또한 마트 시식 사원을 정규직으로 채용하고, 10년 가까이 라면 가격을 동결하며, 수많은 사회 공헌 활동으로 다른 기업과는 다른 길을 걷고 있지요. 오뚜기의 경영철학 덕분인지, 제 주위에도 홍보대사를 자처하며 진라면만 드신다는 분이 많습니다.

그런 오뚜기와의 협업을 통해 보다 많은 분이 집에서도 들기름막국수를 즐기게 된다면, 저희가 처음 들기름막국수를 만들었을 때의 마음이 잘 전달되겠구나 싶었어요.

코로나19 시대이니만큼, '어떻게 하면 메밀 면을 집에서 맛있게 드실 수 있을까?'라는 새로운 화두를 들고 오뚜기와 첫 만남을 가졌습니다. 오뚜기와 레시피를 공유하고, 신속하면서도 신중하게 테스트를 진행했습니다. 특히 다음의 원칙만은 지키고자 했습니다.

- 진라면처럼 각 가정에서 보관하기 쉽고 늘 가까이에서 사랑받는 제품
- 온·오프라인 어디에서나 구매하기 쉽고 가격 측면에서 부

5장 여운

담되지 않는 제품

- 집에서 조리할 때 재료를 따로 준비해야 하는 번거로움이 없어 편의성이 높은 제품

하지만 위와 같은 목표를 지키면서 고기리막국수가 추구하는 맛을 구현하기는 쉽지 않았습니다. 면 샘플이 4차까지 만들어졌을 때, 부재료부터 다시 점검했습니다.

열을 가하지 않고 압착한 생들기름은 면과 섞였을 때 향이 나지 않는 문제가 있었습니다. 그런데 전통 방식으로 기름을 짜낸 오뚜기의 '방앗간 들기름'으로 바꾸자 들깨 고유의 향과 맛이 살아났습니다. 참깨를 볶는 정도나 김을 굽는 방식은 같이 연구했습니다. 간장은 국숫집에서 실제 사용하는 양조간장을 사용하기로 했습니다. 이 외에도 주문과 동시에 재료를 손질하고 조리하는 식당과는 다른 환경에서도 재료의 품질과 신선함을 유지할 수 있는 방법을 찾는 노력은 지금도 계속되고 있습니다.

이런 오뚜기와의 제품 개발이 즐거운 것은 좋은 상품으로 사람들의 건강과 행복에 기여하고자 하는 가치를 바라보는 관점을 같이하기 때문입니다. 50년 이상 식품 외길을 걸어온 오

뚜기의 노하우와 고기리막국수가 만나 시너지를 냄으로써 지금보다 더 많은 사람에게 즐거운 미식 경험을 선사할 수 있다고 생각합니다. 여러 시제품을 테스트하며 오뚜기팀도, 저희도, 입술에 들기름 반들반들 묻힌 채 입을 모았습니다. 그러기 위해선 무엇보다 가격이 부담스럽지 않아야 한다고요.

2012년, 들기름막국수를 처음 개발했을 때, 시장에는 비빔 아니면 물막국수 오직 두 가지만 있었습니다. 세상에 없던 새로운 시도가 손님들에게 어떻게 받아들여질까 두려웠습니다. 그래서 메뉴판에조차 써두지 않았던 들기름막국수는 막국수를 좋아하는 사람들 사이에서 고기리막국수를 꼭 가봐야 할 곳으로 만들어주었고, 반드시 주문해야 할 메뉴로 입소문을 타면서 국숫집의 시그니처 메뉴로 자리 잡았습니다. 기존의 방식을 가져가는 데에 그치지 않고 변화에 주저하지 않았던 도전은 손님들에게 오래 사랑받는 이유가 되었습니다.

'어떻게 하면 메밀 면을 더 맛있게 먹을 수 있을까?'에서 시작했던 첫 마음은 이제 '어떻게 하면 집에서 메밀 면을 편하게 맛볼 수 있을까?' 하는 두 번째 길을 향해 가고 있습니다.

파라솔 아래에서 남편과 둘이 이렇게도 먹어보고 저렇게도 먹어봤던 테스트 과정을 오뚜기와 하고 있습니다.

새 메뉴를 메뉴판에 차마 써넣지 못했던 그때처럼, 두렵기도 하고 설레기도 하는 요즘입니다.

갓뚜기와 함께합니다. 집에서 맛보는 들기름막국수!

결국 손님의 마음에
스며드는 것

"좋아하는 것을 하거나 좋아하는 일을 찾는 것이 아니야.
내가 선택한 것을 좋아하도록 해야 한다.
내 앞에 주어진 것을 좋아하도록 노력해야지."

일본의 스시 장인 오노 지로가 다큐멘터리 영화 〈스시 장인: 지로의 꿈〉에서 한 말입니다. 얼마 전 〈지로의 꿈〉을 다시 보는데, 예전의 제 모습이 떠올랐습니다.

국숫집에 손님이 들지 않아 답답하던 때마다 서점에 들렀습니다. 자기계발 코너를 서성이며 한참을 이 책 저 책 뒤적거

리곤 했지요. '성공하는 사람의 습관은 바로 이것이다.' '성공하려면 이런저런 법칙을 따라라.' '좋아하는 일을 찾고 그것으로 성공하라.' 책더미 속에는 이런 구호들이 경쟁하듯 쓰여 있었습니다. 저는 불안하고 초조한 마음이 가득한 채로 서서 그 글들을 급하게 읽어 내려갔습니다.

그런데 당시만 해도 경험과 노하우가 부족했던 저에게, 전문가들의 책은 이상적이고 추상적이라 뭔가 와닿지 않았습니다. 막국수라는 이 길이 맞나 확신이 들지 않을 때마다 '그렇다면 좋아하는 일을 갑자기 어떻게 찾지?'라는 의문까지 겹치며 서점으로의 발길이 점점 뜸해졌습니다.

그래서 이 책을 쓰면서 간절히 바랐습니다. 제목에 끌려서 덜컥 사셨든, 페이지를 넘기다가 이 글을 발견하셨든, 온라인 서점의 '미리 보기'를 띄워놓고 고민하셨든, 이 책과 인연이 닿은 모든 분이 제 삶으로 흠뻑 들어오시기를 말이지요.

스르륵 넘겨보면 뻔한 이야기일 수도 있습니다. 하지만 그 평범한 이야기가 갖는 힘을 많은 분에게 전하고 싶었습니다. '진심을 다하고, 기본을 지켜나가기'가 제 삶을 관통하고 나서야 그게 얼마나 중요했는지 알게 되었기 때문입니다.

이론이나 비법이 아닌 제가 겪은 생생한 경험을 나누되, 기본에서 벗어난 이야기는 하나도 없음을 제 방식대로 알림으로써 누구나 쉽게 이해하고 적용하기를 바랐습니다. 특히 작은 가게를 운영하고 계시거나 이제 막 시작하시려는 모든 사장님께 전하고 싶은 말을 담았습니다. 조금 먼저 걸어본 사람으로서 '차라리 내가 어떻게 걸었는지 다 보여주자'는 마음으로, 이런 것까지 책에 써야 하나 싶은 소소한 에피소드까지 주저리주저리 쓰고 말았습니다.

쓰다 보니 제가 글을 쓰는 것이 아니라 글이 나를 어딘가로 이끌어주고 있다는 것을 어느 순간 깨달았습니다. 이 책을 쓰면서도 글이 제게 알려준 것이 있습니다. 실은 막국수로 결정한 순간부터 저는 막국수를 더 좋아했고, 사랑하려고 노력했다는 사실을 말이지요. 누군가를 좋아하게 되면 그 사람에 대해 궁금증이 생기고 자꾸만 더 알고 싶은 마음이 들 때와 같습니다. 저에게 막국수는 그런 존재였습니다.

처음 국숫집을 열었을 때 손님에게 가장 듣고 싶었던 말은 "맛있게 잘 먹었습니다"였습니다. 이젠 소망이 하나 더 생겼습니다. 이 책을 읽으셨다면 국숫집에 오셔서 저에게 살짝 이렇게 귀띔해주세요. "책 잘 읽었습니다."

감사의 글

제가 이 책에 쓴 글과 담고자 한 생각은 모두 제 주위 분들에게서 배운 것이라고 해도 과언이 아닙니다. 언제 어떤 분께 배운 것인지 가늠조차 되지 않습니다. 제가 생각해낸 것인 줄로 착각하고 자신 있게 쓴 대목도 보고 들은 것을 모방하거나 다른 분들과 만나고 대화하며 깨친 것들입니다. 이런 저의 부족함을 부디 너그럽게 이해해주십시오.

저희가 특별하거나 대단해서 국숫집이 잘되는 것이 아님을 알고 있습니다. 그랬다면 처음부터 잘되었겠지요. 굳이 하나를 꼽는다면 기본에 더욱 다가서려 한 것을 말씀드리고 싶습니다. 기본은 종종 너무 당연한 것으로 생각되어 무시되기 쉽습니다. 하지만 가장 실천하기 어려운 것이기도 합니다. 어떤 편한 길로도 이를 수 없고, 어떤 목적을 가져서도 안 되기 때문입니다.

기본은 진심을 다할 때 비로소 갖추어졌습니다. 화려한 광고나 마케팅 전략으로 손님의 눈과 귀를 잠시 사로잡을 수 있을지 몰라도, 손님의 마음을 얻으려면 진심을 다해야 했습니다. 그리하여 손님이 오시기 전부터 맞이하기까지, 손님과 사이를 쌓아나가는 순간, 음식을 준비하는 동안, 식당만의 정서를 남기는 모든 과정에서 손님을 중심에 두고자 했습니다.

여덟 테이블로 시작했던 작은 가게에서 저희는 '태도'를 배웠습니다. 그리고 이는 저희 삶의 태도에까지 영향을 주었습니다. 우리가 진심을 다할 때, 상대방도 우리에게 마음을 열어준다는 단순하고 명쾌한 진리는 힘이 강했습니다. 손님들 덕분에 여기까지 올 수 있었습니다.

책을 쓰면서 손님들과의 관계를 다시 떠올릴 수 있어서 좋았습니다. 더 나아가 제가 전하고 싶었던 말은 결국 관계를 뛰어넘는 사람과 사람 '사이'의 이야기였다는 걸 깨달았지요. 사람과 사람 사이의 시옷을 수없이 활자로 치면서 시옷에 마치 사랑이 담긴 것 같아 행복했습니다.

나의 삶이 너로 인해 존재하고 더불어 우리가 함께 살아가는 의미라는 것을 깨닫게 해준 분들이 계십니다.

브랜드는 결국 사람이라는 것을 일깨워주신 한국브랜드마케팅연구소 박재현 교수님, 존경합니다. 막국수의 본질을 보는 눈을 길러주신 인석일 교수님, 최순기 실장님, 존재의 이유를 찾게 해주신 『노자 마케팅』의 저자 이용찬 훈장님, 감사합니다.

깊이 있는 음식 공부로 성장을 도와주신 황교익 선생님, 감사합니다. 박찬일 님, 고영 님, 고은정 님, 정은정 님, 박상현 님, 이호준 님, 김진영 님, 구완회 님, 끼니 강사님들을 비롯한 끼니의 든든한 동료들, 감사합니다.

전 중앙일보 기자 이택희 선생님, 늘 감사합니다. 시사인 이오성 기자님, 동아일보 임선영 작가님, 조선일보 이혜운 기자님, 정동현 작가님, 한국경제 김보라 기자님, 중앙일보 송정 기자님, 주간조선 박태순 님, 아포리아 김인규 님, 월간《외식경영》 김현수 대표님, 감사합니다.

SNS 세상에 정착할 수 있도록 도와주신 나무처럼 강원구 님, 마케팅을 함께 공부한 '마법 같은 마케팅 무기를 장착하라' 마마무 동기들, 블로그와 페이스북 그리고 인스타그램에서 저와 교류하시는 모든 분께 감사합니다.

대구, 광주 등 전국 각지에서 응원해주시는 같은 업계 사장님들, 감사합니다. 마음을 전하는 글을 쓰도록 격려해주신 오마이뉴스 이한기 국장님, 감사합니다. 무엇보다 제 글을 새벽까지 봐주시며 이 책의 흐름을 잡아주신 힙합 저널리스트 김봉현 작가님, 감사합니다.

마음이 막국수에 가 있는 엄마를 롤모델이라고 말해주는 우리 딸들, 다희와 준희 고마워. 항상 사랑을 몸소 보여주시는 시어머니 이상옥 님과 하늘에서도 저를 지켜봐주실 시아버님, 소중한 아들을 제게 주셔서 감사합니다.

형부 이야기를 언니만큼 잘 쓸 수 있는 사람은 없다고 말해준 사랑하는 동생 현정이와 제 딸들의 식사를 챙겨준 시누이들, 수경과 수림 감사합니다. 캐나다에 있는 정집 오빠와 세정 언니, 보고 싶습니다. 평생 제 자랑이던 아버지 김락기 님과 어머니 신재근 님께 제가 가진 가장 큰 사랑을 보냅니다.

끝까지 본인 일처럼 챙겨준 스튜디오 본프리 김승현 대표님, 감사합니다. 절친 STUDIO SH 대표 홍예영 님과 김은아 님, 양주미 님, 이창득 님, 감사합니다. 조세용 사진작가님, 배나무골 최규진 이사님, 온라인 전문가 라파엘 김상종 님, 소운 박병옥 님, 목우 조정훈 님, 오베르 이지선 님, 우드캔버스 윤

예성 대표님, ㈜라셀르 김종진 대표님, 셜록컴퍼니 배은지 대표님, 나우버스킹 전상열 대표님, 배우 류승룡 님 그리고 고기리막국수를 지어주신 모루초디자인 박선은 대표님 감사합니다. 진행에 도움을 주신 신한은행 관계자분들 감사합니다.

책이 나오도록 애써주신 다산북스 편집부와 다산북살롱 박은정 실장님, 감사합니다. 추천사를 허락해주신 『대통령의 글쓰기』저자 강원국 작가님, 감사합니다.『식객』때부터, 아니 글을 읽을 수 있을 때부터 팬이었던 허영만 화백님, 감사합니다.

막국숫집 이야기를 함께 써내려가는 고기리막국수 식구들, 오충일 실장님, 최제이 부장님, 신미경 매니저님, 김진우 과장님, 권중희 님, 양영숙 님, 이재성 님, 조성권 님, 노동은 님, 황정화 님, 김남근 님, 이상우 님, 천경석 님, 윤혁진 님, 김서홍 님, 장동만 님, 장민국 님 항상 감사합니다.

그리고 고기리막국수를 사랑해주시는 손님들께 다시 한번 감사드립니다. 마지막으로 제 남편 유수창 님에게 이 책을 바칩니다. 사실은 이 사람의 이야기를 제가 대신해서 쓴 것뿐입니다.

한 번 오면 단골이 되는
고기리막국수의 비결

작은 가게에서 진심을 배우다

초판 1쇄 발행 2020년 11월 20일
초판 9쇄 발행 2023년 1월 20일

지은이 김윤정
펴낸이 김선식

경영총괄 김은영
콘텐츠사업2본부장 박현미
책임편집 차혜린 디자인 마가림 책임마케터 문서희
콘텐츠사업5팀장 차혜린 콘텐츠사업5팀 마가림, 김현아, 이영진, 최현지
편집관리팀 조세현, 백설희 저작권팀 한승빈, 김재원, 이슬
마케팅본부장 권장규 마케팅4팀 박태준, 문서희
미디어홍보본부장 정명찬 디자인파트 김은지, 이소영 유튜브파트 송현석
브랜드관리팀 안지혜, 오수미 크리에이티브팀 임유나, 박지수, 김화정 뉴미디어팀 김민정, 홍수경, 서가을
재무관리팀 하미선, 윤이경, 김재경, 안혜선, 이보람
인사총무팀 강미숙, 김혜진, 지석배
제작관리팀 박상민, 최완규, 이지우, 김소영, 김진경, 양지환
물류관리팀 김형기, 김선진, 한유현, 전태환, 전태연, 양문현, 최창우
외부스태프 편집 조창원, 감수 김봉현, 사진 조세용, 최규진

펴낸곳 다산북스 출판등록 2005년 12월 23일 제313-2005-00277호
주소 경기도 파주시 회동길 490 다산북스 파주사옥
전화 02-704-1724 팩스 02-703-2219 이메일 dasanbooks@dasanbooks.com
홈페이지 www.dasan.group 블로그 blog.naver.com/dasan_books
종이 월드페이퍼(주) 출력·인쇄·후가공·제본 (주)갑우문화사

ISBN 979-11-306-3211-7(03320)

• 책값은 뒤표지에 있습니다.
• 파본은 구입하신 서점에서 교환해드립니다.
• 이 책은 저작권법에 의하여 보호를 받는 저작물이므로 무단 전재와 복제를 금합니다.

다산북스(DASANBOOKS)는 독자 여러분의 책에 관한 아이디어와 원고 투고를 기쁜 마음으로 기다리고 있습니다.
책 출간을 원하는 아이디어가 있으신 분은 다산북스 홈페이지 '투고원고'란으로 간단한 개요와 취지, 연락처 등을
보내주세요. 머뭇거리지 말고 문을 두드리세요.